Hans Hipp
Lebzelten · Wachsstöcke · Votivgaben

Hans Hipp

Lebzelten · Wachsstöcke · Votivgaben

Handwerk und Brauch

WLV

W. Ludwig Verlag

Lebzelterei Wachszieherei Hipp
8068 Pfaffenhofen · Hauptplatz 6

3. ergänzte und erweiterte Auflage 1984
ISBN 3-7787-3232-3
© 1982 W. Ludwig Verlag Pfaffenhofen
Satz und Druck: Ilmgaudruckerei Pfaffenhofen. Printed in Germany
Nachdruck, auch auszugsweise, nur mit Genehmigung des Verlages
Titelabbildung und Farbaufnahmen: Fotostudio Johannes Rauch, München

Kurze Geschichte
des Lebzelteranwesens

Schon 1587 ist im oberbayerischen Pfaffenhofen an der Ilm ein Lebzelter nachgewiesen, als der Rat der Stadt drei Männer zu je 2 Gulden Buße verurteilte, weil sie „trotz Verbot den Met von München allher geführt und ausgeschenkt und dadurch des Lebzelters Handwerk geschädigt haben."
Durch diese Niederschrift ist anzunehmen, daß in unserem Geschäft schon 1587 ein Lebzelter ansässig war.
Die erstmalige urkundliche Erwähnung meines Elternhauses erfolgte erst mit der Einführung des Grundbuches im Jahre 1610. Laut Eintrag im Grundbuch kaufte am 17. November 1610 Thomas Riederauer von Riederau bei Dießen das Lebzelteranwesen. Am 6. Mai 1643 bekam es sein Sohn, der Lebzelter Franz Riederauer, überschrieben. Sein Nachfahre Ignaz Riederauer wurde 1707 in der Bürgerliste erwähnt. 1730 besaß Andre Hutterer vom Äußeren Rat das Anwesen. Dessen Witwe Maria Eva verkaufte es im November 1754 samt Lebzeltergerechtigkeit mit allem Mobiliar und Grundbesitz um 8500 Gulden und 50 Gulden Leykauf an den Lebzelter Franz Xaver Lidl. Doch schon 1776 verkaufte die Stadt wegen Überschuldung das Vermögen des Lebzelters Lidl, der offensichtlich schlecht gewirtschaftet hatte, an dessen Kinder Elisabeth, Barbara und Franz Xaver für 3020 Gulden. Hyazinth Freisinger, Lebzelter von Schrobenhausen, kaufte 1780 die Lebzelterbehausung samt Stadel und Pferdestallungen, einer Wiese und der Lebzeltergerechtigkeit auf. 1795 übergab H. Freisinger seiner

Tochter Franziska die Lebzeltergerechtigkeit. 1797 übergab die Lebzelterwitwe Franziska Freisinger an Schwiegersohn Joseph Höchtl und seine Frau das Haus am unteren Stadtplatz. Nach dem Tode ihres Mannes verkaufte 1828 die Witwe Franziska Höchtl, Tochter der Franziska Freisinger, an den Lebzeltersohn Johann Anton Seidel von Friedberg das Anwesen mit Grundstücken um 7000 Gulden. Dieser heiratete die Schleiferstochter Franziska Wallner von Pfaffenhofen. Sie hatte 2200 Gulden Heiratsgut. 1897 schließlich erwarb mein Großvater Joseph Hipp die Lebzelterei und Wachszieherei. Beide Berufe werden hier in Pfaffenhofen, am Hauptplatz 6, bis auf den heutigen Tag noch ausgeübt. Neben der Lebzelterei entwickelte sich die Konditorei mit Cafébetrieb.

Im Bewußtsein, daß die interessante Tradition auch große Verpflichtungen auferlegt, darf ich nun in der dritten Generation das angestammte Handwerk ausüben. Möge dies, wie es nun schon seit mehr als 300 Jahren im Lebzelterhaus am unteren Hauptplatz in Pfaffenhofen an der Ilm geschieht, weiterhin mit Liebe gepflegt werden und unter Gottes Schutz stehen.

Hans Hipp

Lebzelter, Metbrauer und Wachszieher

1694 entstand unter Kurfürst Max Emanuel eine Neufassung der Lebzelter-Zunftsätze in der Münchner Lebzelter-Ordnung. Darin waren die Aufgaben dieses Berufes erstmals streng geregelt. Nach Artikel 20 heißt es da *soll auch hinfürters in allen Irer Churf. Drlt. unsers gnädigsten Herrns Stätten und Märkhten . . . niemandts andern, dann der das Handtwerch ordentlich und redlich dem herkhommen gemeß vier Jahr erlehrnet und seine Maisterstuckh gemacht . . . Lebzelten und Lekherl zu pachen, Mett zu sieden, Wax auszumachen und zu blaichen, Körzen zu ziehen und Bilder zu gießen, in Summa alles, was dem Handtwerch anhengig ist, . . . zugelassen werden.*
Damit wird ausdrücklich festgehalten, daß der Lebzelter nicht nur den Honig der Biene zu Lebkuchen und Met (Honigwein), sondern auch das Wachs der Biene bleichen und weiter verarbeiten darf.
Heute erscheint uns dies fast als willkürliche Zusammenstellung der verschiedenartigsten Berufe. Ihr gemeinsamer Nenner ist aber die Biene als Lieferant von zwei Rohstoffen, die dann von *einem* Handwerker unter *einem* Dach weiter verarbeitet wurden: Aus dem Bienen*honig* wurden Lebzelten und Met hergestellt, aus dem Bienen*wachs* entstanden Kerzen und Votivgaben. Lebzelterei und Wachszieherei stehen deshalb in einem ganz natürlichen engen Zusammenhang. Unser Betrieb ist sicherlich der einzige in ganz Bayern, bei dem noch beide Berufe unter einem Dach ausgeführt werden.

7

Weil früher aus Zuckerrohr gewonnener Zucker von weither importiert werden mußte, war er viel teurer als Honig. Zucker galt zunächst nur als Heil- und Stärkungsmittel. Lebzelter verwendeten deshalb zum Süßen nur den einheimischen Honig. Erst als auch aus der ebenfalls einheimischen Zuckerrübe Zucker gewonnen wurde, konnte der Beruf des Zuckerbäckers entstehen. Lebzelter dürfen übrigens nicht mit den Zuckerbäckern gleichgesetzt werden. Deren Lebkuchen entstanden nämlich aus Zucker, Eiern, Mandeln, Mehl und Gewürzen, während Lebzelter nur mit Honig süßen durften.

Für das Jahr 1575 wissen wir, daß die Lebzelter, die ja den Honig ohnehin im Haus hatten, das Recht bekamen, Met zu sieden und selbst auszuschenken. Sie mußten sich jedoch in die Zunft der Metbrauer und Branntweiner einkaufen.

Das Bleichen und die Verarbeitung von Bienenwachs schließlich, also die handwerkliche Herstellung von Bienenwachskerzen und anderem Wachsgebild war allein Sache des Lebzelters. Talg- und Unschlittkerzen hingegen konnten von Seifensiedern, Metzgern oder auch direkt in den Haushalten gegossen werden. Die qualmenden, übelriechenden, aus tierischen Fetten hergestellten Talgkerzen wurden hauptsächlich für die Wirtschaftsräume oder als Stall- und Laternenlicht verwendet. Wachskerzen aus der Hand des Lebzelters hingegen dienten religiösen Zwecken oder zur Beleuchtung von Wohnräumen. Gebleichtes Bienenwachs (helles Bienenwachs) wurde auch zu Wachsstökkerln, Pfenniglichterln oder zu Bett- und Fadenwachs verarbeitet. (Fadenwachs wurde gebraucht, um das Nähgarn zu wachsen und somit haltbarer zu machen, Bettwachs sollte durch Festigen des Stoffes verhindern, daß die Federn aus dem inneren Bettbezug, Barchent oder Inlett genannt, stoßen und den Schlafenden stechen.)

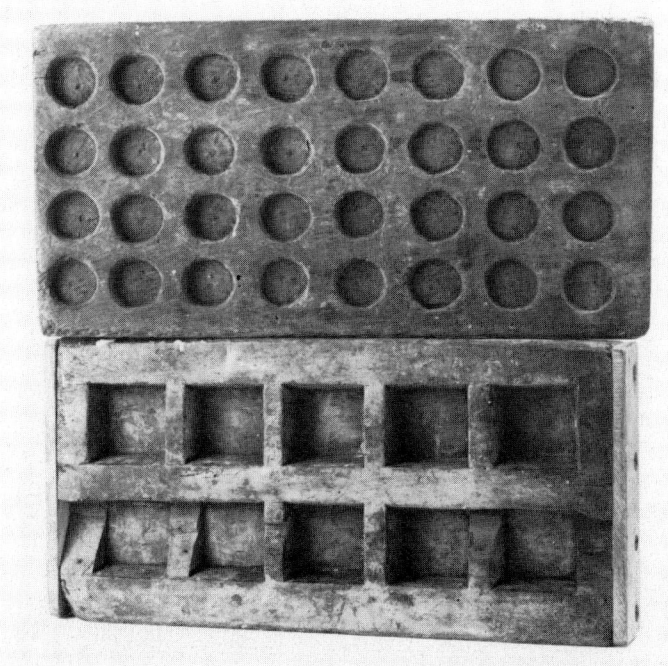

Model für Faden- und Bettwachs (h 34, b 18 cm / h 31, b 16 cm)

Um Lebzelter werden zu können, mußte der Lehrling nach der Münchner Zunftordnung von 1595 den Nachweis ehelicher Geburt erbringen, außerdem hatte er seinem Meister die Summe von 2½ Pfund Pfennigen sowie 2 Pfund Wachs abzuliefern.

In dieser Münchner Zunftordnung von 1595 erfahren wir mehr über die Pflichten des Lehrlings. Der Lehrling hatte *der erste im Haus auf und der Letzte nieder zu sein, nit weniger auch schuldig, alle Arbeiten sowohl in als außer Haus zu verrichten.* Er hatte *fromm und getreu* zu

9

sein, sollte sich keinesfalls, wenn er zur Arbeit in den Keller geschickt wurde, dort *vollsaufen*, sondern sich *befleißen seiner Herrschaft mit gutem Fug und Gewissen aus einem Pfennig zwei zu machen.* Wird er in die Kirche geschickt, *soll er sein Gebet fleißig verrichten und zu rechter Zeit nach Begehrung der Herrschaft nach Haus kommen, und nicht anstatt der Kirchen sich dem Spazierengehen, Fressen, Saufen und anderen verdächtlichen Häusern, wie es leider schon oft geschehen, ergeben, sondern vielmehr sich befleißen, seine Lehrungszeit mit guten Sitten zuzubringen.* Will er nicht von der Zunft bestraft werden, so soll er sich nicht wehren, wenn er vom Meister oder der Meisterin *mit Streichen gezüchtigt* wird.

Aus all dem wird deutlich, daß es auf den Charakter des Meisters ankam, ob die Lehrzeit in guter Erinnerung blieb.

Ausgelassenes Bienenwachs in Blöcken

Handgegossene Kerze

Die Model des Lebzelters und Wachsziehers

Model sind Formen, die dem Gebäck oder Wachs die gewünschte Gestalt verleihen. In frühester Zeit hat man mit Tonformen gearbeitet, die ab dem 16. Jahrhundert von den besser geeigneten Holzformen abgelöst wurden. Über drei Jahrhunderte hielt sich die Holzform, bis Galvanos (Kupferformen) und Schwefelformen als neues Material zur Formgebung aufkamen. In unserem Betrieb werden die alten Holzformen für alle Votivgaben und andere Abdrücke noch genauso benötigt wie vor 200 bis 300 Jahren.

Lebzeltenmodel (h 50 cm, b 28 cm / h 27 cm, b 12 cm)

Ein Bestandteil der Gesellenprüfung des Lebzelters war der Nachweis, Model stechen zu können. Besondere Achtung genossen natürlich jene Lebzeltergesellen, die diese vielgebrauchten Model kunstfertig zu schnitzen wußten und den nötigen Sinn für Ornamente und plastische Wirkung hatten. Diese Gesellen – oft auch Meister! – wanderten mit ihrem Stechzeug von Lebzelter zu Lebzelter (einer der wenigen Berufe, in denen noch Meister auf die Stör gingen!).

Auf ihrer Wanderschaft durften sie sogar den Hirschfänger tragen und in der strengen Hierarchie der Wachszieherhäuser den ihnen gebührenden ersten Platz einnehmen. Bei freier Kost und Logis erhielt der Modelstecher pro Tag einen Gulden. Die Arbeit erfolgte gemäß Auftrag. Daneben verkaufte der Modelstecher aber auch schon vorgestochene Modeln.

Stechzeug

Die Formen des Lebzelters und Wachsziehers kann man grundsätzlich von der Verwendung her in vier Gruppen einteilen, in die Lebzeltenformen, Marzipan- oder Springerlformen, in die Wachsformen und Tragantformen (Schwefelformen).

Bei den **Lebzeltenformen** handelt es sich immer um flache Reliefs mit keinen zu großen Erhöhungen. Nur so kann der zähe, schwere Teig gleichmäßig durchgebacken werden. Ganz anders ist es bei den **Marzipanformen.** Sie durften sowohl sehr tief wie ganz flach herausgeschnitten werden. Denn Marzipan wurde nicht gebacken, sondern nur mit leichter Hitze abgeflämmt, um eine bräunliche Kruste zu bekommen. Die meisten kleinen Ornamente der **Springerlformen** sind

Eiermarzipanmodel (h 31 cm, b 20 cm)

Marzipanmodel 1730 (h 40 cm, b 11 cm)

13

sehr flach, da der Springerlteig, auch Eiermarzipanteig genannt, beim Backen aufgehen muß und dabei tiefgeschnittene Ornamente verzerren würde.

Reliefformen verwendete man hauptsächlich nur für Lebzelten und Marzipan. Erst als man um die Jahrhundertwende für die Lebkuchen- und Marzipanverzierung die alten Model nicht mehr gebrauchen konnte, benützte der Lebzelter diese Formen um Wachsbilder herzustellen, wie es bis heute noch in unserer Wachszieherei gemacht wird. Neben diesen Reliefmodeln verwendete man in der Wachszieherei vorwiegend die **Doppelformen.** Mittels Holzzapfen wurde Vorder- und Rückansicht einer Figur oder einer Kerze zusammengesteckt, so daß eine Hohlform entstand. Der weitere Ablauf ist bei der Herstellung von Wachsvotiven geschildert.

Die meisten Holzmodel sind aus feinfaserigen harten Apfel-, Zwetschgen-, Birn- oder Buchsbaumhölzern hergestellt, da diese Hölzer sich für die überaus feinen Stecharbeiten besonders eignen. Der Formenstecher mußte mit Hohleisen, Schnitzmesser und anderem Stechzeug das Bild oder die Figur negativ ins Holz schnitzen, da der Abdruck daraus positiv sein mußte. Formenstecher brauchten deshalb ein ausgeprägtes räumliches Vorstellungsvermögen. Als Hilfestellung diente ein weicher Lebzeltenteig, der immer wieder in die zu schnitzende Form gedrückt wurde, um den Fortgang der Arbeit im Positiv sehen zu können. Was am fertigen Erzeugnis erhaben war, mußte konisch in die Form gestochen werden. So konnte der Abdruck unbeschädigt ausgelöst werden. Bei unserem überaus kunstvoll gestochenen Fatschenkindmodel ist jedoch eine der beiden Hälften hinterschnitten, d. h. nicht konisch gestochen. Deshalb gibt es beim Herauslösen des ausgegossenen Fatschenkindes jedesmal Schwierigkeiten.

Model für Lebkuchenkörbchen

In unserem Modelbestand befinden sich einige halbfertige Formen oder auch Stechversuche, die zur Übung dienten. Nicht selten wurden aus Sparsamkeitsgründen in die Vorder- und Rückseite der gleichen Holzform Motive gestochen. So befindet sich auf der Rückseite unseres mit FXL 1770 (Franz Xaver Lidl) signierten Reiters die mit LKL signierte Spinnerin. Ebenso sind auf der Rückseite einer Form für Barchent-Wachs (Bettwachs) Kinderzeilen (in Reihe aneinanderhaftende Fatschenkinder, siehe S. 21), die für die Lebzelterei benötigt wurden, eingestochen. So nahe standen sich beide Berufe, des Lebzelters und des Wachsziehers, daß man sie im „Handumdrehen" mit einer einzigen Holzform ausführen konnte!
Auf der Stirn- oder Rückseite einiger Model wurden die Jahreszahl der Entstehung und die Initialen des Auftraggebers sowie des Modelstechers eingekerbt. Bei manchen Modeln schnitzte der Lebzelter seine Anfangsbuchstaben in das Motiv mit ein, so daß es als Gütezeichen auf jedem ausgedrückten Lebzelten erschien.

15

Lebzeltenmodel Franz Xaver Lidl-Reiter, auf dessen Rückseite
eine Spinnerin gestochen ist, 1770 (h 23 cm, b 18 cm)

17 AH 30
FXL LP 1770
18 AS 62   Signierte und datierte Model

16

Nur einige Formen unserer Sammlung sind signiert oder datiert.

Sign. Datum	Besitzer	Bezeichnung der Model
A H	Andre Hutterer	Liebespaar
17 A H 30	dto	Marzipanform
FXL 1770	Franz Xaver Lidl	Reiter
FXL 1770	dto	Spinnerin
18 AS 62	Anton Seidl	Votivschwein
AS	dto	Schnitzübung
1669		Wiege
1770	KL	Votivpferd
B 1684 M		Votivpferd
1894	Joseph Hipp	Füllhorn
1896	dto	Bayr. Wappen (Schwefelform)

Lebzeltenform mit dem Gütezeichen FXL-Franz Xaver Lidl

Nähere Angaben zu den einzelnen Besitzern sind im ersten Kapitel enthalten.

Eine weitere Art von Modeln waren die **Tragantformen,** die vorwiegend für Tortenaufsätze Verwendung fanden. Diese wurden folgendermaßen hergestellt: Das modellierte Original wurde plan auf eine Steinplatte gelegt und mit flüssigem heißen Schwefel übergossen. Nach dem Erkalten wurde die Form mit Gips hintergossen und mit Schellack eingelassen.
Je nach Verwendungszweck benützte man diese Form für Tragantverzierungen oder Wachsornamente. Tragant, der schleimige Saft des Bocksdornstrauches, wird als Bindemittel verwendet und mit Zucker zur Tragantmasse verarbeitet. Mein Großvater stellte daraus Tragantfiguren und Tortenaufsätze her (siehe S. 18).

Lebzeltenform mit dem Gütezeichen „AH" für Andre Hutterer (h 13 cm, b 12 cm)

Tragantaufsatz für eine Torte zur Primiz, hergestellt von meinem Großvater Joseph Hipp

Ordinäre und gemodelte Lebzelten

„Ordinäre (einfache) Zelten", „schlichte Braune", „Honigbusserl", „Pfeffernüsse", „Pommeranzenzelten" oder die „gebündelten Flachen", die in grellbuntes Papier gewickelt waren, stellten die gängigste Absatzware dar. Es gab auch die „scharfen Zelten" oder „Pfefferzelten", die mit scharfem Pfeffer stark gewürzt, als beliebte Zuspeise zum süßen Met (süßes, weinähnliches Getränk aus Honig) gegessen wurden.

Geschmacklich einfacher und gleichbleibend, jedoch vom Bildwerk umso interessanter, ist im Gegensatz zu den ordinären Zelten das aus Modeln geformte Gebäck.

Um die feinen Konturen der gestochenen Model auf den „ausgedrückten Zelten" zu erhalten, benötigte man einen besonderen Teig mit wenig Trieb und einer bestimmten Herstellungsart.

Für diesen Honigteig brauchte man einen mehrere Wochen im Holzzuber abgelagerten Grundteig. Um diesen harten, zähen Grundteig weich zu bekommen, mußte er mehrmals mit der Honigteigbreche gebrochen und dann gewalkt werden, was einen für uns nicht mehr vorstellbaren Zeit- und Kraftaufwand erforderte. Nun erst konnte der weichgearbeitete Teig mit einem Nachteig und mit Gewürzen glatt gearbeitet werden.

Der fertige Teig mußte dünn ausgerollt und fest in Modeln gedrückt werden, damit alle kleinen und wichtigen Konturen gut ausgeformt wurden. Nach dem Abschneiden der Ränder legte man Kleiesäcke als Polsterung plan darüber und spannte das Ganze in die Handpresse. Über Nacht trocknete die Oberfläche und behielt so beim Backen ihre feinen Konturen gut.

Deutung und Brauch
der gemodelten Lebzelten

Die mit Modeln verzierten Zelten gehörten nicht zu den alltäglichen Nahrungsmitteln. Als festtägliche Süßspeisen wurden sie hauptsächlich für die Feiern im Jahreslauf oder Lebenslauf verkauft. Die Motive der ausgedrückten Lebzelten geben meist deutliche Hinweise über den Grund des Schenkens.

Die interessante Bilderwelt dieser Formen änderte sich im Laufe der Jahrhunderte. Die ältesten typischen Rundformen zeigen Wappentiere, religiöse und profane Darstellungen. Vorlagen dazu lieferten oft zeitge-

Anbetung der Hl. Drei Könige (Holzform, ⌀ 13 cm)

Kinder- und Fischzeilenmodel (Holzform, h 32 cm / h 33 cm)

Christusknabe im Wagen (Wachsabguß, h 7,5 cm, b 12 cm)

nössische Grafiken. Im 17. und 18. Jahrhundert, der Blütezeit der Model, kamen viele Bilder aus der Welt des Brauchtums und der Mode dazu.

Zu den jeweiligen Festen des Kirchenjahres wurden Lebzelten mit speziellen Bildmotiven hergestellt. So weist die Darstellung von „Mariae Verkündigung" auf den Advent und das kommende Christfest hin. Die Anbetung der Hirten oder die Verehrung der Heiligen Drei Könige benötigte man zu Weihnachten oder zum Dreikönigsfest. Zu Stephani wurden den Burschen gerne stolze Reiterlebzelten geschenkt. Den Wunsch, auch im neuen Jahr möge Christus wieder ins menschliche Leben einziehen, versinnbildlichen Lebzelten mit dem Christusknaben in einem Wagen, der von Engeln gezogen wird. Zum Jahreswechsel war es auch Brauch, daß der Familienvater Fischzeilen- oder Kinderzeilengebäcke (in Reihen aneinander haftende Einzelformen) an die Familie und die Mitfeiernden verteilte. Mit dem Genuß dieses Gebäcks glaubte man, sich fürs kommende Jahr besonders viel Glück zu sichern. Das Verteilen von „Neujahrskindern" aus einem Stück sollte das kommende Jahr mit all seiner erhofften Fruchtbarkeit symbolisieren und jedem einzelnen alles Gute wünschen. In der Fastenzeit war es üblich, Stücke von Lebkuchen mit religiösen Motiven anstelle von anderen Speisen zu essen. Österliches Gebäck stellt das Gotteslamm, oft mit den Attributen Kreuz, Kreuzesfahne und Kelch dar. Für den Nikolaustag gab es genügend Abbildungen, die der hl. Nikolaus dann gleich selbst mitbrachte.

Typische und häufig vorkommende religiöse Abbildungen stellen die Szenen dar, als Abraham seinen Sohn Isaak opferte, aber auch – als Sinnbild der Liebe Christi – der Pelikan, der mit seinem eigenen Blut seine Jungen nährt oder Josua und Kaleb mit der Traube. Auch die Hochzeit zu Kana mit dem ersten Wunder, das Christus

Abraham opfert seinen Sohn Isaak (Wachsabguß, handkoloriert)

Hl. Georg (Wachsabguß, ⌀ 22 cm)

Kreuzigung (Wachsabguß, ⌀ 22 cm)

Bayer. Wappen (immerwieder-
kehrende Raute)

wirkte, als er Wasser in Wein verwandelte und natürlich Kreuzigungsgruppen – als Darstellung des zentralen Heilsereignisses – sind oft besonders liebevoll ausgestaltete Motive. Der tiefe Eindruck, den der tapfere St. Georg durch den Sieg über den Drachen auf die Menschen machte, gab Anlaß zu den häufigen Darstellungen dieses Heiligen.

Im 17. und 18. Jahrhundert wurden die meisten Motive aus dem täglichen Leben und aus dem Brauchtum gestochen. Solches Bildgebäck konnte man aus dem Schatz der Modelabdrücke aussuchen, die der Lebzelter in seinem Laden oder an einem Stand feilbot. Das Hauptthema in der Blütezeit der Model dreht sich um Liebe, Ehe und was damit zusammenhängt. In einer Zeit, als Bilder von aktuellen Situationen noch Mangelware waren, diente das gemodelte Gebäck auch als eine bildliche Mitteilung. Große Feldherrn, bekannte Men-

Mariä Verkündigung (Wachsabguß, ⌀ 19,5 cm)   Abraham opfert seinen Sohn Isaak (Wachsabguß, ⌀ 18,5 cm)

schen, Modeerscheinungen bis hin zur ersten Eisenbahn und noch manches Wissenswerte wurde über die gemodelten Lebzelten den Essern vermittelt.

Interessant sind die Geschlechtssinnbilder, die auf Lebkuchen so häufig vorkommen wie kaum auf einem anderen Gebiet der Volkskunstbilder. Dazu gehören Rauten, Granatäpfel, Pfeile oder Säbel. Diese scheinbar gewöhnlichen Darstellungen wurden in Wirklichkeit aber als geschlechtliche Anspielung verstanden. Über das Thema Liebe und Ehe gibt es dann noch genügend derbe Spottanspielungen, wie z. B. das Doppelfatschenkind, den Streit um die Hose, das zänkische Paar, den geprellten Ehemann, den Sau- und Hahnenreiter.

An dieser Stelle möchte ich nun für die Feste im Lebenslauf und aus der Welt des Brauchtums einige Beispiele näher betrachten.

Pfeife (Holzform, h 22 cm, b 7 cm)

DURCH DEINES LIBEN SUNS TOT
O LIBER GOTT HILF AUS ALER NOTT
Holzform m. handbemaltem Wachsabguß (h: 25 cm, b: 10 cm)

Der Kinderbringer

Der Kinderbringer war sicherlich die süße bildliche Antwort auf die lästigen Fragen, wo eigentlich die Geschwister herkommen. Nach Gegenden ganz verschieden, ließ man die Kinder auf Bäumen wachsen, von Inseln oder aus Brunnen kommen oder von Flüssen anschwemmen. Kindermann oder Kinderfrau, später Hebamme oder Storch, brachten diese Kinder dann in die Familien. Der gutgekleidete Herr hat zum Verteilen gleich zwei Kinder in den Armen und zwei in den Taschen. Neben der Kinderwiege war dies ein typisches Gebäck bei Tauffeiern.

Das Liebespaar

Paare auf alten Modeln stehen dicht zusammengepreßt mit erotischen Annäherungen. Je jünger der Model, desto gelassener zeigt sich das Paar, desto weniger kann man den ursprünglichen Sinn, die Anspielung auf Erotik, Liebe und Heirat, verstehen. Backwerke mit anzüglichen Bildern müssen bei Polterabenden für ausgelassene Stimmung gesorgt haben. Der Mann hat immer einen Fuß hinter seiner Dame, damit sie mit ihrem schönsten Kleid voll zur Geltung kommen kann. Das Herz mit der Ziffer „3" weist auf Treue hin.

Kinderbringer
(Wachsabguß, h 10 cm)

Nichts ist zwischen 2
schöner als die 3 (3 = Treu)

Sehr aussagekräftig ist der Model, auf dem Tauben das Kränzchen im Schnabel tragen, als Zeichen der Hingabe der Frau an den Mann. Der Modelstecher ziert sich nicht, die Reize des Mädchens herauszustreichen. Er will nicht verbergen, daß das Mädchen gerne um den Mann neben ihm wirbt. Auf den gewünschten Segen in der Familie deuten die zwei Kinder im untersten Teil des Bildes hin (siehe S. 28).

Liebespaar mit flammendem Herz (Wachsabguß, h 21,5 cm)

Liebespaar mit Kranz, Herz und Fatschenkindern (Wachsabguß, h 21,5 cm)

Die Liebeskutsche

Zu den hochzeitlichen Gebäckmotiven gehört die Liebeskutsche. Sie soll die Heimholung der Braut in die neue Lebensphase symbolisieren. Auf dem Model von 1688 zeigt sich das Paar zurückhaltend, die Liebesnei-

Liebeskutsche 1688

Herzen mit Blumen, Früchten
und Ornamenten (Wachsabguß,
h 20 cm / h 14 cm)

gung scheint dezent und weniger wichtig als die repräsentative Aufmachung. Im Laufe der Zeit entstanden aus den typischen Liebeskutschen, den früheren Hochzeitsgeschenken, einfache Kutschen, in denen die Paare spazierenfahren.

Das Herz

Seit Jahrhunderten schenken sich Liebende gegenseitig Lebkuchenherzen, ein Brauch, der sich bis auf den heutigen Tag erhalten hat. Ein Liebespaar auf der Oberfläche bekräftigt die Bedeutung dieses Geschenks. Blütensprossen oder ein Granatapfel versinnbildlichen den Wunsch nach Gedeihen und nach Fruchtbarkeit der Liebesbeziehung. Flammende Herzen charakterisieren die Liebe als heiß und brennend. Aus diesen Flammen bildeten sich in den jüngeren Modeln gerne Blumen und Ornamente.

29

Spinnerin

Mädchen oder Frauen wurden selten bei häuslichen Arbeiten abgebildet. Eine Ausnahme macht die Spinnerin, die bei dem Modelgebäck häufig vorkommt. Meistens handelt es sich um gutgekleidete stolze Frauen am Spinnrad sitzend. Wollte man durch diese Lebzelten dem Beschenkten eine fleißige, häusliche Frau oder den dadurch entstehenden Wohlstand wünschen?

Spinnerin 1770

30

Das Fatschenkind, Wiege mit Fatschenkind

Oft wurde beim Heiraten auf den zu erwartenden
Nachwuchs angespielt. So erscheinen bei Hochzeiten
immer wieder Fatschenkinder in verschiedenen Mate-
rialien, natürlich auch in Lebzelten. Man wünschte dem
jungen Paar durch dieses Geschenk reichen Kinder-
segen.
Bei dem hier abgebildeten Doppelfatschenkind handelt es sich aber nicht um Zwillinge, sondern um ein
nacktes Paar. Das eingewickelte Paar soll darstellen,
daß Liebende oft unbeholfen wie kleine Kinder sind.
Das flammende Herz, Symbol der brennenden Liebe,
lodert zwischen beiden. Eine Blume aus diesem Herz
deutet darauf hin, daß aus dieser Umarmung neues
Leben entstehen kann. Mit solchen Zelten beschenkte
junge Paare dürften die Anspielung verstanden haben.

Fatschenkind
(Wachsabguß, h 19 cm)

Doppelfatschenkind
(Wachsabguß, 12,5 cm)

Lebzeltenmodel Wiege zum Zu-
sammensetzen (Holzform, 20 ×
10,5 cm)

31

Wiege, Wachsabguß (17 × 10 cm)

Handschuhgebäck

Handschuhe, meist paarweise mit gestickten Ornamenten, gehörten neben den Geschenken bei der Rechtsprechung auch zu den Liebesgaben. Bei Verlobung oder Hochzeit schenkte der Bräutigam, als Zeichen der Zusage, seiner Braut Handschuhgebäck.

Das ABC-Taferl

Das „ABC-Taferl" ist meist rechteckig und am oberen Ende mit einem Aufhänger versehen. Es handelt sich um Nachbildungen der entsprechend größeren Schreibtafeln der Schulen. Dieses Gebäck, ein Geschenk an Kinder im Schulalter, sollte ihnen das Lernen versüßen. Man war der Annahme, daß Kinder in ihrem Lerneifer und in ihrer Auffassungsgabe durch das

Handschuhmodel (Holzform)

32

ABC-Taferl (Wachsabguß, h 8,5 cm, b 17 cm)

ABC-Taferl mit Engelskopf (Holzform, 13 × 10 cm)

Verspeisen des ganzen ABC gestärkt würden. Dazu kamen noch die sehr oft abgebildeten geflügelten Engelsköpfe, durch die himmlische Kräfte in die Lernenden gelangen sollten. Durch Christi Worte „Ich bin das Alpha und das Omega" wurde das Alphabet oft als Inbegriff des ganzen Kosmos aufgefaßt. Dadurch bekam das ABC-Taferl als Lebkuchen auch eine heil- und schutzbringende Kraft.

Hirsch

Der Hirsch wurde verhältnismäßig oft auf Modeln dargestellt, meist im Lauf, von Hunden gehetzt oder zum Sprung ansetzend. Andere Darstellungen zeigen ihn mit Eicheln, Blättern im Äser und mit einem oder mehreren Pfeilen, die gerade seinen Hals treffen. Der Hirsch ist offenbar nicht nur wegen seiner ihm nachgesagten Langlebigkeit auf Modeln dargestellt worden. Man hat ihn wahrscheinlich auch deshalb als Motiv gewählt, weil ihm fruchtbarmachende Kräfte zugeschrieben wurden. Auch die Eichel im Äser des Hirsches gilt natürlich als Fruchtbarkeitszeichen. Um gutes Gedeihen und langes Leben zu wünschen, schenkte man dieses Gebäck insbesondere Kindern.

Hirsch von Hunden gehetzt (Wachsabguß, h 18 cm)

Reiter von Franz Xaver Lidl, bezeichnet FXL-Reiter 1770
(Wachsabguß, h 18 cm)

Reitersmann

Der kraftgeladene, derb barocke Reiter, von dem
Besitzer des Lebzeltenanwesens Franz Xaver Lidl
gestochen, stammt aus dem Jahre 1770. Allem
Anschein nach handelt es sich um einen hohen Offizier,
reich gekleidet mit vielen Borten und Zierat am Rock.
Hier ist der Reiter größer als das Pferd, schwer und
bodenverbunden. Später werden die Proportionen
ausgeglichener, die Gestaltung ruhiger und die Reiter

34

schlichter und weniger kraftstrotzend. Es fällt auf, daß gerade bei Reitermodeln oft eine Kartusche mit den Initialen des Handwerkers unter die hochgeworfenen Vorderbeine des Pferdes geschoben ist. Darstellungen von Reitern mit Pferd waren besonders interessante Geschenke für junge Burschen.

Hl. Michael mit Schwert und Seelenwaage (Holzform mit Wachsabguß, h 22 cm)

Hl. Michael

Der hl. Michael, der Engel der Gerechtigkeit und Kämpfer für das Gute, wird mit Schwert und Seelenwaage abgebildet. Es handelt sich dabei um einen älteren Model aus unserem Bestand. Abbildungen von Heiligen sind bei Holzformen, außer dem hl. Georg und dem hl. Michael, seltener.

Hl. Nikolaus

Die Attribute Stola, Brustkreuz und Buch mit den drei goldenen Kugeln kennzeichnen hier den hl. Nikolaus. Es gibt auch den bösen Begleiter als gehörntes Ungetüm mit einem Sack voll Kinder.

Hl. Nikolaus (Holzform, h 30 cm, b 12 cm)

Es darf nicht angenommen werden, daß jedem Lebzeltenesser, jeder der hier aufgeführten Bedeutungszusammenhänge beim Verzehr des Formgebäcks bewußt gewesen wäre. Aus der Tradition heraus, griff man nach gewohnten Formen in dem Wunsch, die Handlung so auszuführen, wie die Eltern und Großeltern es gehalten hatten. Oft aber änderten oder verschoben sich mit der Zeit Bedeutungsgehalt, Ausdrucksform und der Brauch.

Die Kunst der „Dockenwaar" oder „Niklauswaar", wie man das Figurengebäck oder die gemodelten Lebkuchen auch nannte, hat im 17. und 18. Jahrhundert ihren Höhepunkt erreicht. Die Lebzelten änderten sich mit dem Geschmack der Kunden. Aus den harten, aus dem Model gedrückten Zelten, wurden blankbraune, gerechte (mit Resche abgeglänzt), mit Trieb gelockerte weiche Honigkuchen. Nun mußte der Lebzelter

36

Buntdrucke zum Verzieren von Lebzelten

Ein braves Weib ist eines Mannes Glück
Und ihres Gottes Meisterstück.

Den Adel kann man niemals erben,
Den Adel muß man selbst erwerben.

Dein Herz sei gut, dein Wandel rein,
So wirst du auch stets glücklich sein.

Gutem Leumund, rein wie Gold,
Bleibe stets ein Mädchen hold.

Laß nur von Freude dich beseelen,
Die dich nie mit Reue quälen.

In Not verlaß dich nicht auf Freunde,
Mehr nützen dir oft edle Feinde.

Wer kann's wissen? — du erlebst
Morgen, was du heut verschmähst.

Wie auf heitrer See die klar Welle
Sei dein Leben rein und helle.

Ein Gläschen Wein erhebt das Herz,
Verscheucht die Grillen und den Schmerz.

Des besten Glücks auf dieser Erden
Mußt du noch teilhaftig werden.

Einen stummen Kuß und Liebesblick
Gebe ich mit zwölf Prozent zurück.

Entfernung ändert nicht meinen Sinn,
Dieweil ich dir stets ergeben bin.

Fern und nah bin ich vergnügt,
Weil dein Herz in meinem liegt.

Dein treues Herz, dein treuer Sinn
Macht, daß ich dir gewogen bin.

Nur dann erst werd' ich fröhlich sein,
Wenn ich dich nennen kann die Mein'.

Was ich in Gedanken küsse,
Macht mir Müh' und Leben süße.

Eine Auswahl aus den unzähligen vorgedruckten Lebkuchensprüchen

Lebzelten mit Buntdruck

Prager Jesulein, handbemalter Wachsabguß (h 18 cm)

nicht mehr auf die Konturen von Holzformen achten und konnte zur Lockerung des Teiges auch Triebmittel verwenden, da diese Lebzelten nur mit bunten Bildern oder mit Versen, die auf Papier gedruckt waren, verziert wurden. Die „Devisen", wie man die Sprüche nannte, gab es für Geburtstage, Hochzeiten und Kindstaufen sowie bei Herzensangelegenheiten aller Art und anderen festlichen Anlässen.

Allerdings blieb es nicht lange bei dieser einfachen Honigkuchenverzierung.

Die Käufer verlangten mehr die glänzenden Klebebildchen, mit denen man auch die Poesiealben schmückte. Diese, im Gegensatz zu den alten volkstümlichen Modelabdrucken fabrikmäßig hergestellten Buntdrucke, verhalfen den Lebkuchen zu einer verführerischen neumodischen Pracht.

Sehr beliebt waren bei den Klebebildchen sentimental lächelnde Weihnachtsengel und der hl. Nikolaus, spielende Kinder, süße Kleinkinder in Windeln, Rosenbouquets und natürlich Herzen mit allerlei Sprüchen.

Nun war auch die Zeit der „Künstlerlebkuchen" gekommen. Honigkuchen wurden mit fadendünn in Linien aufgetragener Eiweißglasur in allen Farben kunstvoll verschnörkelt. Vornamen und Sprüche ließ man sich gleich vom Verkäufer auf die vorrätigen Lebzelten schreiben.

Und doch ging nach diesem schwungvollen Höhepunkt der Klebebilder im Jugendstil die Nachfrage nach Produkten der hochgelobten Lebzelterkunst zurück. Nur der Lebkuchennikolaus und das Lebkuchenherz blieb bis in unsere Zeit. Gleichzeitig aber begann der Lebzelter aus den nun „wertlos" gewordenen Lebzeltenmodeln das ihm vertraute Wachs zu gießen. Die Wachsabdrücke der kunstvoll geschnittenen Holzformen finden nun als Wandschmuck Verwendung.

Met

Lebzelterei und Metsiederei waren ursprünglich zwei verschiedene Handwerksberufe. Da die Lebzelter sowieso den Honig im Haus hatten, bekamen sie 1575 das Recht, Met zu sieden und auszuschenken. Eigene „Metschenken" gehörten zu den Metsiedereien, wo man gleich am Ort der Erzeugung Met trinken konnte. Da vor 1600 in Bayern mehr Met und Wein getrunken wurde als Bier, waren Metschenken sehr verbreitet. Erst in der zweiten Hälfte des 18. Jahrhunderts wurde das Bier zunehmend beliebter, und somit ging die Zahl der Metsieder schnell zurück. In meinem Elternhaus wurde die Metsiederei jedoch erst nach dem Ersten Weltkrieg ganz aufgegeben.

Metflasche mit Metgläsern

Auch in früheren Zeiten wurde schon gepanscht. So wird überliefert, daß Metpanscherei mit 4 Pfund Pfennigen Strafe geahndet wurde. Schlechter Met mit schädlichen Bestandteilen, die „dem Menschen schedlich und auch den Khopf und die Sinnlichkeit hart angreift und verletzt", mußte öffentlich auf die Gasse oder in den Bach geschüttet werden.

Es gab zwei verschiedene Sorten Met: den süßen und ein vergorenes, alkoholhaltiges Honigbier. Beide Sorten wurden aus Bienenhonig, Wasser, Hopfen und würzigen Kräutern hergestellt. Die Mischung wies ein Verhältnis von einem Teil Honig und ca. 6 Teilen Wasser auf. Diese wurde bei schwachem Feuer erwärmt und langsam gesotten. Den sich dabei an der Oberfläche absetzenden Schaum hob man sofort vorsichtig mit dem Schaumlöffel ab, bis der Met vollkommen klar wurde. Gewürze nähte man in Leinensäckchen ein und ließ sie, mit einem Kieselstein beschwert, im Met mitkochen. Als gebräuchlichste Gewürze für den Met wurden Nelken, Zimt, Wacholder, Anis, Kümmel und Hopfen verwendet. Der zum baldigen Verbrauch bestimmte, süße Met konnte sofort nach der Herstellung getrunken werden.

Um Honig-Bier oder den alkoholhaltigen Met zu bekommen, mußte man den süßen Met nach dem Sieden in Holzfässer abfüllen. Nach mehrwöchiger Gärung konnte er dann getrunken werden. Je länger die fachgerechte Lagerung des Mets dauerte, desto schwerer und lieblicher wurde er. So ist er fast mit den Muskatweinen vergleichbar.

Zur Freude der Kinder hieß es: Honig treibt die Masern aus. An Masern erkrankte Kinder bekamen nämlich reichlich süßen Met zu trinken. Außerdem schrieb man dem Met noch eine besondere Wirkung als Schönheitsmittel zu, weshalb er gerne von Damen zur Frühjahrskur getrunken wurde.

Etikett für Metflaschen

Beide Metarten wurden in unserem Laden, aber auch im Wohnzimmer meiner Großeltern oder an unseren beiden Dultständen bei Märkten, Dulten und Wallfahrten ausgeschenkt. In mitgebrachte Flaschen ließen sich die Kunden „schoppenweise" und „halbeweise" Met abfüllen, um ihn mit nach Hause zu nehmen. An den Schlankeltagen, den Ein- und Ausstelltagen des Gesindes, wurde gerne Met getrunken. Wie aus den Geschäftsbüchern zu ersehen ist, bezogen auch Fieranten (Dultstandbesitzer) Met, allerdings faßweise. Besonders zum Heilig-Kreuz-Tag im nahegelegenen Benediktinerkloster Scheyern und zu anderen Wallfahrten wurde viel Met verkauft. Hatte es eine Wallfahrt, ein Metgeschäft, verregnet, so kam es öfters vor, daß die Fieranten selbst ordentlich Met tranken. Die Metfässer wurden dann mit Wasser wieder aufgefüllt. Mit der Zuckerwaage konnten solche Panschereien sofort festgestellt werden.

Um die Jahrhundertwende, als sich schon das Bier dem Met gegenüber durchgesetzt hatte, wurde dieser hauptsächlich von den Kindern getrunken. Später trat dann immer mehr das Speiseeis an seine Stelle.

Wachs und Opfergaben aus Wachs

Von jeher stand das Wachs im engsten Zusammenhang mit Glauben und Opfer. Schon in der vor- und frühchristlichen Zeit brachten Menschen ihren Gottheiten Gaben aus Wachs dar. Im altbayerischen Raum werden meistens die Begriffe Votivgaben und Weihgaben unter der Bezeichnung „Opfer" zusammengefaßt. Bei den Weihgaben aus Wachs handelte es sich aber um ein Opfer, das man im voraus gebracht hat, um den Fürsprecher für die Erfüllung einer Bitte günstig zu stimmen. Die Votivgabe war der Ausdruck des Dankes und die Bestätigung für die Erhörung. Man verlobte sich, „ein Opfer zu bringen", dem man in seiner figürlichen Form allerdings nicht ansehen konnte, ob es als Dank oder als Wunsch und Bittgabe am Altar niedergelegt wurde. Erst durch die Mirakelbücher erfahren wir mehr darüber.

Die Kirche benötigte für die würdige Beleuchtung der Gottesdienste große Mengen von Wachs. Kirchliche Vorschriften verlangten für liturgische Zwecke reine Bienenwachskerzen. Um sich diese Wachsmengen zu sichern, legte die Kirche zum Beispiel Freigelassenen die „Wachszinsigkeit" für die Wohltat ihrer Freilassung auf. Sündern wurden Wachsopfer als Buße auferlegt. Auch Freie erboten sich oftmals zur Wachszinsigkeit, entweder als Entgelt für Nutznießung eines kirchlichen Leihgutes oder aus frommen Beweggründen, wie etwa aus Dank für Genesung oder sonstige Gebetserhörung. Überhaupt wurde Wachs gerne als fromme Stiftung gegeben.

Ursprünglich spendeten die Gläubigen ungeformtes Bienenwachs. Kirchen und Klöster ließen daraus Kerzen herstellen. Das Gewicht des Wachses wurde bei Verlöbnissen nach Vierlingen, Pfunden und Stein angegeben, wobei ein Stein 16 Pfund hatte.

> 1491 *Ein Mann aus Trostberg verpflichtete sich wegen anhaltender unerträglicher Kopfschmerzen zu einem lebenslänglichen ewigen Wachszins von jährlich ¼ Pfund.*[1]

> 1590 *Hans Lorenz aus Oberbacheren gelobte ein Vierling Wachskerze zu St. Leonhard nach Inchenhofen wegen seiner Armschmerzen zu bringen. Es ist besser geworden.*[2]

Wachs wurde oft auch geopfert entsprechend dem Gewicht des Bittstellers oder eines erkrankten Kindes, ungeformt, figürlich oder zu einer Kerze gegossen. Auch im weltlichen Bereich mußte man unter anderem mit Wachs bezahlen oder mit Wachsstrafen rechnen. Bei den Moosburger Fischern kostete 1536 die Aufnahme in die Zunft 10 Pfund Wachs, und wenn bei den Schäfflern zu Freising „einer den anderen in dem Handwerk Lügen hieß, der soll der Straf verfallen sein um 1 Pfund Wachs"[3]. In diesem Zusammenhang sei erwähnt, daß das Wachs keinesfalls billig war. In Ingolstadt verdiente im 16. Jahrhundert ein Schreiner 24 Pfennig Tageslohn. Ein Pfund Fleisch kostete 4 Pfennig, ein Pfund Schmalz 1 Pfennig, ein Pfund Wachs aber 40 Pfennig.

Zusätzlich zu Wachsopfern legte man sich selbst noch Bußen und Kasteiungen auf, wenn zum Beispiel jemand das Geld für das Wachsopfer in Almosen erbettelte. Männer legten den Weg zur Wallfahrtsstätte nackt, Frauen auf Knien rutschend, in beißende Wolle oder härenes Gewand gehüllt, zurück. Auch mit ausgestreckten Armen, die Stellung Christi am Kreuz nachahmend, kamen die Büßer zum Gnadenort.

> 1588 Leonhart Scheinauer von Gundelsdorf verlobte sich „nacket mit einem pfund wax" nach Inchenhofen.[4]

> 1590 Anna Lonerin von Minster hat in jrer geburt 13 tag nit erlöst Kinden werden, da verlobt sig sich mit 1 Vierling wachs in den Almosen zusamblen, auch mit blosen Knieren umb den Altar veredent, mit einem brinnenden liecht und vullig auch dazu barfueß zugehn, ist entlich erfremd worden.[5]

> 1592 Als das Kind des Georg Grassers zu Scheyrn in Krämpfen niederfällt, so daß man glaubt, es sei vom bösen Geist besessen, verlobt sich der Vater mit einem Pfunde Wachs „dasselbe in allmosen zu samblen", hat geholfen.[6]

Die Wachsbleiche

Da die gelbe Farbe des Bienenwachses nicht immer erwünscht war, mußte man es bleichen. Bevor sich das chemische Bleichen mit Hilfe von Schwefelsäure durchsetzte, haben unsere Vorfahren noch lange Zeit das altbewährte Bleichverfahren, die Sonnenbleiche, angewandt. Die chemischen Bleichmittel beeinflußten nämlich den Geruch des Bienenwachses und machten es spröd, was bei der Sonnen- oder Naturbleiche nicht passierte. Die Sonnenbleiche ging folgendermaßen vor sich: Das Bienenwachs wurde geschmolzen und noch flüssig durch feine Düsen auf eine glatte Metall- oder Holzwalze, die zur Hälfte im kalten Wasser lag, geschüttet. Beim Drehen entstanden auf der Walze Wachsstreifen oder Bänder, die sich im kalten Wasser

Alte Darstellung einer Wachsbleicherei

47

wieder von der Walze lösten. Man nannte diesen Vorgang, der das Wachs sehr fein zerkleinerte, „bändern". Die Wachsbänder wurden auf Hurden (Holzlattenkästen) gelegt und der Sonne ausgesetzt. Ihre Strahlen wirkten bleichend, so daß das gelbe Wachs immer heller wurde. Natürlich mußte man das gebänderte Wachs auf den Hurden öfters wenden, um alle Teile gleichmäßig der Sonne auszusetzen. Dieser Vorgang mußte so oft wiederholt werden, bis die gewünschte Farbe eintrat. Dies konnte oft mehrere Wochen dauern.

Häufig gab es während der Zeit der Wachsbleiche Ärger mit den benachbarten Brauereien. Wenn dort das Bier gesotten wurde, trug der Wind Rußwolken herüber in den Hof unserer Wachszieherei, die das ausgelegte Wachs mit einer schwarzen Schicht überzogen. Trotz all dieser Schwierigkeiten gaben meine Vorfahren, die auch Lohnbleiche durchführten, der Naturbleiche den Vorzug vor der chemischen. Bei der Sonnenbleiche behielt das Wachs seinen angenehmen Geruch und seine Geschmeidigkeit, was vor allem für die Herstellung von Wachsstöcken wichtig war.

Kerzen

Die Herstellung von Kerzen

Zum Ziehen der Kerze verwendete man eine Handzugbank. Sie gehört zu den ältesten Arbeitsgeräten des
Wachsziehers. Die Handzugbank bestand aus zwei
hölzernen Zugrädern, die ungefähr 1 Meter Durchmes-
ser hatten und etwa 60 cm breit waren. Auf einem dieser
Zugräder wurde zunächst der Docht aufgewickelt.
Zwischen den Zugrädern befand sich die Zugwanne mit
flüssigem Wachs. In sie stellte man eine aufklappbare
Zuggabel, die den Docht stets in der Wachsmasse
eingetaucht halten sollte. Bevor der wachsgetränkte
Docht die Zugwanne verließ, mußte er ein Zieheisen
oder eine Zugscheibe passieren. An den verschieden
großen runden Löchern der Zugscheibe wurde jeweils
das überflüssige Wachs abgestreift. Mit jedem Arbeits-

Mein Vater beim Kerzenziehen

Zuggabel

Walkholz, Köpfelhölzer und
Pfriemen

Zugscheibe mit Kerzenstang

gang wuchs um den Wachsstrang eine weitere Schicht
bis zur gewünschten Kerzenstärke. Die Wachsmassen
erschienen dann um den Mittelpunkt, den Docht, wie
die Ringe eines Baumes. Ein wichtiger Faktor beim
Kerzenziehen war die Temperatur. Wurde ein Wachsstrang zu warm, klebten die einzelnen Lagen auf dem

Zugrad zusammen. Umgekehrt, bei zu kalter Temperatur, brach der Strang in kleine Stücke und wurde in der Wachsziehersprache „Rosenkranz" genannt: War dies geschehen, mußte alles wieder eingeschmolzen werden.

Nach dem Ziehen wurde der meterlange Wachsstrang zu Kerzenlängen geschnitten. Eine besondere Vorrichtung hierzu war das am Tisch eingebaute Metermaß mit einem an einer Schiene befestigten, verstellbaren, sichelförmigen Messer. Der Wachszieher zog mit einem geübten Handgriff den Strang über das scharfe Messer, damit ein glatter Schnitt entstand.

Die abgeschnittenen Kerzenstränge wurden in warmes Wasser gelegt, um sie wieder geschmeidig zu machen. Dann legte man sie auf eine große Marmorplatte und nahm ein kleines Holzbrett (Köpfelholz), dessen eine Seite abgeschrägt war. Während man die Kerzenstücke auf der Marmorplatte mit dem Unterarm hin und her rollte, drückte man die abgeschrägte Seite des Köpfelholzes so lange auf die Kerzen, bis man an den Docht

„Köpfeln" der Kerzen

gelangte. Dadurch entstanden an den Kerzenstücken die Spitzen oder der Kerzenkopf. Das abgetrennte kleine Stückchen am Ende zog man vom Docht ab. Den ganzen Vorgang nannte man „Köpfeln".

Jede gutbrennende Kerze mußte mit Mantelwachs umgeben werden. Dazu hängte man die Kerzen an einem waagrecht liegenden Rad über einem Wachsfaß mit flüssigem Hartwachs auf. Mit einem Schöpfer wurde das Hartwachs dann über die Kerzen gegossen. Bei Bedarf bohrte man mit dem sog. Pfriemen das kegelförmige Loch in den Kerzenfuß, damit man die Kerzen auf Dornleuchter stecken konnte.

Neben dem Ziehen gab es noch andere Arten der Kerzenerzeugung. Hauptsächlich dicke, oder besonders große Kerzen, die auf der Zugbank nicht herzustellen waren, wurden gegossen. Hier spannte man den Docht in die Kerzenform und goß sie mit flüssigem Wachs aus. Eine andere Art war das „Angießen".

Rohlinge werden aufgehängt und mit Mantelwachs übergossen

Kerzengießgeräte aus Metall und Holz (h 26 cm / h 33 cm)

Hierbei wurden die Dochte an das waagrechte Rad aufgehängt und Schicht für Schicht übergossen. All diese Methoden sind moderner als die ganz alte Art, Kerzen zu „walken“. Hierbei behandelte man den von Hand geformten Wachsstrang mit einem Walkbrett, das man mit beiden Händen hin und her bewegen mußte. Deutete sich die gewünschte Form der Kerze an, schlitzte man sie auf und legte den Docht ein. Hierauf wurde die Kerze weiterbearbeitet.

Die verkaufsfertigen Kirchenkerzen erhielten am unteren Ende einen Stempel, der Bienenwachsanteil und Handwerkernummer aufwies. Anschließend wurden die Kerzen zweipfundweise kunstvoll in das typische blaue Papier gepackt. Dieses wurde gekonnt um die Kerzen geschlagen, so daß sich ganz feste Pakete ergaben. Eine einzige Klebestelle hielt das Ganze fest zusammen, wieder ein Beispiel handwerklicher Findigkeit, die damals schon darauf angewiesen war, auch

Das Walken und Angießen der Kerzen

Ambrosiussiegel. Der hl. Ambrosius ist der Patron der Wachszieher und Lebzelter mit seinem Attribut, dem Bienenstock.

Zwicken von Kommunionkerzen in unserem Schaufenster 1952

kleine Probleme einfach und sparsam zu lösen. Ohne das als Kleber dienende Ambrosiussiegel zu zerstören, konnte nämlich keine einzige Kerze entnommen werden. Auf ihm waren Hersteller und Qualität (Bienenwachsgehalt) angegeben.

Bei vielen Kerzen wurden verschiedene Verzierungen aufgelegt oder mit Klebwachs haftend gemacht. Diese Verzierungen wurden mit einer Handstanze aus verschiedenfarbigen dünnen Wachsplatten ausgestanzt. Brauchte man große Zierstücke, mußte man aus Modeln Reliefs oder Bandornamente gießen, die kunstvoll und stilgerecht bemalt wurden. Große Fertigkeit verlangte das sog. „Zwicken" von Kerzen, womit man hauptsächlich Wachsstöcke und Kommunionkerzen verzierte. Beim Zwicken erwärmte man die Kerze und zwickte, sobald die Oberfläche weich war, mit einem eigenen „Zwickzangerl" in das Wachs hinein.

 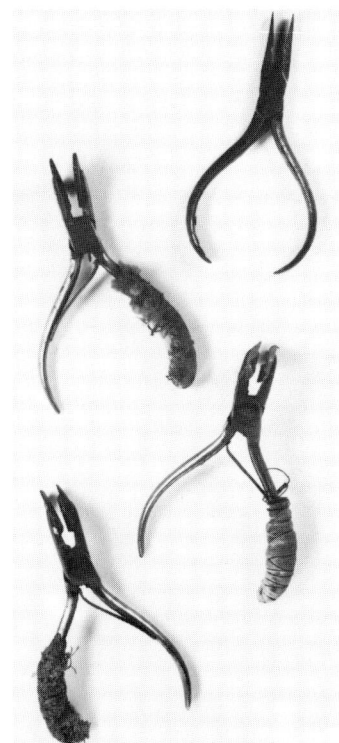

„Granenmodel" Model für
Osternägel (32 × 6 cm)   Zwickzangerl

Diese Kerzen hatten einen ganz besonderen Reiz. Licht
und Schatten spielten an der Kerzenoberfläche und das
an den Rändern hauchdünn gezwickte Wachs ließ die
Kerzen mit einfachen Mitteln zu bewunderten kleinen
Kunstwerken werden.

Vom Brauchtum mit der Kerze

Unter den Opfergaben aus Wachs nahm die Kerze einen wichtigen Platz ein. Gemeinden, Zünfte und Bruderschaften verlobten sich mit großen „Kirzen" bei Überschwemmungen, Feuersbrünsten, Seuchen, Viehsterben oder Kriegsnöten. Auf den kunstvoll verzierten Kerzen waren immer der Gnadenort, die Jahreszahl des Gelöbnisses sowie Opfergrund und Votant vermerkt. Diese Angaben wurden in der Regel in Wachs gearbeitet oder auf Blechkartuschen gemalt und mit Stiften an der Kerze befestigt. Nicht immer

Der Wachszieher, Kupferstich von Ch. Weigl, 1698

56

waren solche Prunkstücke aus Bienenwachs. Oft bestand das Innere aus einem Holzkern oder aus billigem Wachs. Stabilität und Sparsamkeit waren dafür die Gründe. Jede dieser „Immerschön-Kerzen" trug an der Spitze eine festsitzende Blechmanschette

„Immerschönkerzen" in der Wallfahrtskirche Bettbrunn

mit einem Dorn in der Mitte, auf den eine kleine Kerze aufgesteckt wurde. Diese ,Kerzen wurden bei der Wallfahrt mitgetragen und gestiftet als sichtbares Zeichen eines Gelöbnisses, das man jedes Jahr zu erfüllen bereit war. In den darauffolgenden Jahren wurde die Kerze zum Abschluß der Wallfahrten in feierlicher Prozession brennend in und um die Kirche getragen bzw. am Hochaltar aufgestellt. Die übrige Zeit wurde sie oft in Wachsgewölben aufbewahrt.

> *1615* *Als 1615 Petershausen durch die Fürbitte S. Leonhards in Inchenhofen von einer großen Feuersbrunst errettet wurde, gelobte die Gemeinde, dem Heiligen alle Jahre eine brennende Kerze zu opfern. Das Gelübde geriet mit der Zeit in Vergessenheit, und erst als 1657 das ganze Dorf vom Feuer verzehrt wurde, erinnerte man sich wieder des Gelübdes und fand sich nun alljährlich mit einer brennenden Kerze ein.* [7]

Im Wachsgewölbe des Klosters Andechs, der Hostien- und Marienwallfahrtsstätte auf dem Heiligen Berg, befindet sich die wohl umfangreichste Sammlung an Votivkerzen. Der größte Teil der geopferten Kerzen blieb nämlich bis in unsere Tage erhalten. Im Gegensatz dazu wurden im größten bayerischen Wallfahrtsort Altötting große Teile alter Bestände immer wieder eingeschmolzen. Die verbliebenen Votivkerzen stehen in der „Kerzenorgel" in der Heiligen Kapelle aufgereiht und berichten uns heute noch vom gläubigen Vertrauen der Wallfahrer zu „Unserer Lieben Frau zu Altötting". In der Wallfahrtskirche zu Sankt Salvator in Bettbrunn sind rechts und links des Chors zahlreiche Votivkerzen in Gestellen übereinander angebracht. Einige Kerzen stammen aus unserer Wachszieherei.

Die größte aller Votivkerzen dürfte die Kerze sein, die alljährlich am Pfingstsonntag vom Markt Bogen bei Straubing aufrechtstehend zur Marienwallfahrtskirche auf den Bogenberg getragen wird. Es handelt sich um einen 13 Meter langen, glattgehobelten Fichtenstamm, der in seiner ganzen Länge mit einem roten, etwa fingerdicken Wachszug umwunden ist (13 m = 365 Zoll = 1 Zoll für jeden Tag des Jahres). Die „Prozession mit der langen Stange" geht auf die Zeit um 1475 zurück, als sich die Gemeinde Holzkirchen bei Vilshofen wegen einer Borkenkäferplage mit dieser Kerze verlobte. Die Kerzen der beiden letzten Jahre sind jeweils zu beiden Seiten des Gnadenbildes am Chorbogen aufgestellt und reichen bis zum Deckengewölbe. Die alten Stangenkerzen werden in etwa zehn Zentimeter lange Stücke zerschnitten, die von den Wallfahrern mit nach Hause genommen werden und z. B. bei Unwetter wie ein Wachsstock abgebrannt werden.

Es wären noch zahlreiche Kirchen aufzuzählen, in denen auch heute Votivkerzen vom tiefen Glauben einzelner und ganzer Gemeinden berichten. Immer noch stiften Gläubige Oster-, Marien- und andere Kirchenkerzen und bringen dadurch nicht nur ihre Dankbarkeit und ihre Bitten zum Ausdruck, sondern lassen auch die Vielzahl der Wachsopfer weiterleben. Als Wachs- oder Kerzenopfer gelten auch Wachsstöcke. Heilsuchende haben sich oft in bestimmten Wachslängen verlobt. Es handelt sich dabei um dünne Wachsschnüre, die nach dem Umfang der Kirche oder eines Ortes bemessen und geopfert wurden.

Simon Kaiser von Schwaben gelobte bei einem Brand soviel Wachs zu opfern, als die Länge um die Marianische Kirche in Dorfen ausmache. Es war ein Wachsstock von 4 ½ Pfund erforderlich.

Votivbild in der Wallfahrtskirche Niederscheyern

„Im Jahre 1847 verlobte sich die Pfarrgemeinde Panshausen, einen jährlichen Bittgang, samt einer Wachskerze und der Verlöbnistafel, wegen öfteren Hagelschlag hierher, und hat durch Fürbitte der seligsten Jungfrau Maria, vom Gott dem Allmächtigen Hilfe erlangt."

Da Paunzhausen und Niederscheyern in nächster Nähe von Pfaffenhofen liegen, darf angenommen werden, daß diese Votivkerzen aus unserer Lebzelterei stammen.

60

Der Wachsstock

Herstellung von Wachsstöcken

Als eine spezielle Form der Kerze ist auch der Wachsstock zu betrachten, der ebenso zum kirchlichen wie zum häuslichen Gebrauch bestimmt war. Für die Herstellung der Wachsstöcke benötigt man einen temperierten und deshalb weichen, zudem dünnen Wachsstrang, auch Kerzenschnur genannt. Diese legt der Wachszieher geschickt um besondere Formen, die Leghölzer. Der einfache, glatte, zum täglichen Gebrauch bestimmte Wachsstock wird um ein flaches, rechteckiges Hölzchen gelegt. Dieses Holz muß kurz vor Fertigstellung, wenn der Wachsstock in sich selbst schon genügend Halt besitzt, herausgezogen werden. Wesentlich schwieriger ist die Herstellung der aufwendigeren Wachsstöcke. Hierzu benötigt man Leghölzer, die aus vielen kleinen keilförmigen Teilen zu einer bestimmten Form zusammengesetzt werden, die man nach dem Legen des Stockes Teil für Teil herausziehen muß. Selbstverständlich hatte der Wachszieher Leghölzer für alle Größen und Formen von Wachsstöcken. „Türkenbund, Linzer, Kronenstock, glücksbringende Hufeisen, ovale Weckerl, Andachtsbücherl" zum Öffnen mit lieblichen Einlegearbeiten oder „Hausaltäre" waren feste Begriffe des vielseitigen Sortiments. Oft legte der Wachszieher mit freier Hand kunstvolle Fantasieformen, die für besondere Anlässe in Auftrag gegeben wurden. Nach dem Legen bckam der Wachsstock seinen „letzten Schliff" durch kunstvolle Verzierung. Als Schmuckmaterial standen zur Verfügung: Ölfarben, aus Wachs gestanzte Blüten, Blätter, Orna-

Wachsstock in der Form eines Sakramentshäuschens. Hinter der
halbgeöffneten Tür befindet sich ein Jesuskind im Strahlenkranz.
Das anklopfende Kind ist gegossen und handbemalt (h ca. 20 cm)

Wachsstöcke mit den dazugehörigen Leghölzern

Kunstvoll gelegter „Kronenstock" mit reichem Dekor aus farbigen
Wachsblumen, feiner Zwicktechnik und Silberstiften (h ca. 10 cm)

63

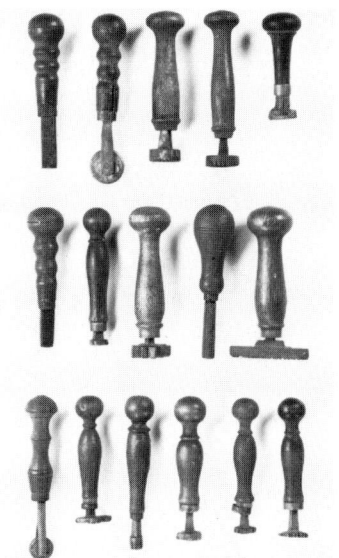 

Messingstanzen mit Holzgriffen   Ausgestanzte oder handmodellierte Schmuckteile

mente und Bordüren, Heiligenbilder, Uhrengläser, Silberstifte, geschliffene Glasperlen und sogar aus Wachs modellierte Figuren.

Die ältesten Wachsstöcke wurden mit Ölfarben bunt bemalt. In der Biedermeierzeit ging der Wachszieher dazu über, seine Stöcke mit farbigen Blüten, Blättern und Ornamenten zu verzieren. Dazu stand ihm ein großes Sortiment von Schmuckteilen zur Verfügung, die er in seiner Werkstatt aus durchgefärbten Wachsplatten stanzen mußte. Auf sie wurde zum Teil Blattsilber und Blattgold aufgetragen. Unter gewöhnlichen Uhrengläsern wurden herrliche Medaillons, Heiligenfigürchen oder später Bilder des Namenspatrons, geschützt in einer Nische, angebracht. Diese „Einblicke" wurden reichlich mit Silber- oder Zinnstiften verziert. Bevor der frischgelegte, temperierte Wachsstock erkaltet war, konnte man mit dem „Zwickzangerl" plastische Muster herausformen.

Wachsstöcke mit „Einblicken"

65

Der gebräuchlichste Wachsstock „Taschenstock" mit Schachtel

Wächsernes Christkindl

Brauchtum um den Wachsstock

Bei den Frühmessen oder abendlichen Rosenkränzen stellte man die Wachsstöcke auf den Betstuhl. Damals gab es ja kein elektrisches Licht. Erst im Schein des Kerzenlichtes war es möglich, im Gebetbuch zu lesen. In der kalten Jahreszeit konnte man zudem an der warmen Flamme die oft blaugefrorenen Finger etwas aufwärmen. Der Geruch von angebranntem Holz schreckte manche Bäuerin aus ihrer Andacht, weil sie ja doch wieder vergessen hatte, den Wachsstock umzudrehen und das Licht neu aufzustellen. Noch heute können wir auf alten Kirchenbänken schwarze Brandflecken finden, die Geistlichkeit und Mesner nicht gerade erfreuten. Das elektrische Licht verdrängte schließlich den Wachsstock aus der Kirche.
Für den häuslichen Gebrauch brannte der Wachsstock vor allem beim samstäglichen Hausrosenkranz, am Allerseelentag und in der Woche danach, wenn man für die Verstorbenen betete.

Dirn, i hob Dir an Wachsstock gebn,
jetzt muast mi meng.

Dieser Spruch erklärt, daß der Wachsstock auch in der Liebschaft eine große Rolle spielte. So zum Beispiel schenkte am Lichtmeßtag (2. Februar) der Knecht der Magd einen Wachsstock. Dies als Dank dafür, daß sie ihm das ganze Jahr hindurch den Strohsack aufschüttelte oder das Bett machte. Je größer die Liebe war, desto prachtvoller war der Wachsstock.
Als verheiratete Bäuerin stellte sie dann diese Prachtstücke in den Glasschrank der guten Stube als immerwährendes Zeichen schöner Erinnerungen. Mütter gaben ihren unverheirateten Töchtern am 2. Februar auch einen Wachsstock.

Prachtstücke wurden nie angezündet, im Gegenteil, man steckte sie sorgfältig zwischen die kunstvoll gelegten Leinwandballen und geflochtenen Flachsdocken des Aussteuerschrankes. In die Brautausstattung einer niederbayerischen Großbauerntochter gehörte 1874 „ein ganzer Korb voll Wachs, wenigstens 25 Pfund". Das waren die Lichtmeßgeschenke der Mutter.

> *Wachsstock leicht, liabs Dirndl beicht,*
> *g'steh mas ei, d Lieb is fein,*
> *sie is des hellste Liacht des wo ma siacht.*

Ein Riesenwachsstock in einem schön geflochtenen Strohkorb war ein eigenes Hochzeitsgeschenk der Mutter und sie ließ ihn während der Trauung ihrer Tochter anzünden.

In ihrer Blütezeit wurden Wachsstöcke zu allen möglichen Anlässen geschenkt: Zur Erinnerung, Hochzeit und Taufe. An Weihnachten waren die Wachsstöcke mit Christkinderln verziert. Außerdem gab es Wallfahrtsandenken in der Form von Wachsstöcken. Auch als „Fleißbillettl" bekam man sie bei besonders guten Leistungen von der Lehrerin geschenkt. All diese Wachsstöcke standen nicht nur als Zierat in der Wohnung. Nach der Weihe am Lichtmeßtag wurde ihnen der besondere Schutz vor Krankheit und Unglück zugesprochen. Diese heilbringende Wirkung erhielten sie nicht nur durch die Lichtmeßweihe, sondern auch durch die Weihe an bestimmten Wallfahrtsorten, wie z. B. in Altötting und Mariazell. Stand man vor einer schwierigen Aufgabe, nahm man den Wachsstock als „Gweichtl" in der Rocktasche mit sich, um das Böse fernzuhalten. Die Tatsache, daß man selbst Wöchnerinnen während der Geburt über die Fußgelenke einen Wachsstock wickelte, zeigt, wie sehr man an die ihm durch die Weihe verliehene Kraft glaubte. Eine ganz besondere „Wachsstöckelweich" hatte das „Sieben-

Sonntags-Stöckeln". Um einen so hochgeweihten Wachsstock besitzen zu können, mußte man ihn 49 Jahre lang jeden 7. Lichtmeßtag, immer wenn dieser auf einen Sonntag fiel, zur Kerzenweihe tragen. Er ersetzte dann fast den Doktor und Apotheker. Schon durch Berühren und Anzünden konnte man besonderer Hilfe teilhaftig werden.

Bei schwerer Krankheit, Geburt, Unwetter und bei besonderen Anlässen zündete man in bestimmten Gegenden Bayerns den geweihten Hausstock an. Bei diesem Wachsstock handelte es sich hier um einen übergroßen Wachsstock, dessen „Seeleninneres" ein Holzkern war. Um diesen Holzkern wurde der Wachsstöckerlstrang mehrlagig gewickelt. Wie der Rosenkranz, war der Wachsstock Zeichen eines religiösen und frommen Lebens, beide wurden den Toten mit ins Grab gegeben.

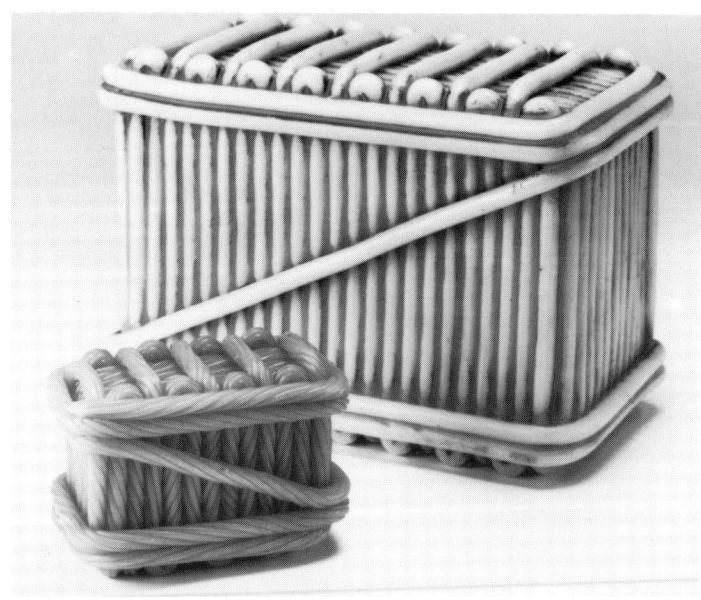

Hausstock (h 11 cm, b 20 cm / h 6 cm, b 10 cm)

Pfennig- oder Allerseelenlichtln

Der Ladenpreis mit 1 Pfennig pro Stück gab der kleinsten Kerze ihren Namen. Das 5 mm dünne und ca. 10 cm lange Licht wurde aus dem Wachsstöckerlzug hergestellt. Ein besonderes Farbmaterial verwendeten die alten Wachszieher zum Einfärben dieser Pfenniglichtln. Sie lagen kunterbunt jahrelang beieinander, ohne abzufärben. Besonders viele Pfenniglichtln wurden zu Allerseelen und zum Lichtmeßtag verkauft.

Viele Bräuche gab es um diese Lichter. So schenkte am Lichtmeßtag der Bauer den Kindern und den Mägden gleich handvollweise diese schon geweihten Lichtln. Beim Rosenkranz am selben Abend klebten Kinder und Mägde die brennenden Lichter auf Holzspäne oder auf „Milibrettln" (Die Milch wurde in Waidlinge geschüttet, damit sich der Rahm absetzen konnte. Um diese Waidlinge stapeln zu können, legte man rechteckige, flache Bretter dazwischen, die als „Millibretter" bezeichnet wurden). Nach einer alten Regel war der nächste Sterbende derjenige, dessen Lichtl als erstes erlosch.

Die zurückbleibende Dochtasche sollte, nachdem man sie gegessen hatte, das ganze Jahr gegen Halsweh helfen. Dieses „Ascheschlucken" hob aber den Blasiussegen mit den gekreuzten Kerzen am darauffolgenden Tag nicht auf.

Die übriggebliebenen, an verschiedenen Stellen angekohlten Holzspäne, steckte der Bauer, ohne Nagel und Schnur zu verwenden, zu einem Kreuz; dieses wurde über die Stalltüre gehängt. Warum man das Kreuz so stecken mußte, konnten die Kinder trotz ihrer neugierigen Fragen nicht ertahren, wie mir eine alte Bäuerin erzählte. Dies sei ein für Kinder geheimnisvoller Brauch gewesen, den der Bauer gewissenhaft ausführte.

Wächsernes Jesuskind im Glassturz mit einem Stück Stoff aus dem Brautkleid meiner Großmutter bekleidet. Der Brautkranz wurde um die Füße des Kindes gelegt. Mit diesem Brauch stellte man die Ehe unter Gottes Schutz. Arbeit meines Großvaters Joseph Hipp 1897.
(h 45 cm).

Während des Lichtmeßrosenkranzes am Abend klebte der Hausvater mit heißem Tropfwachs ein Pfenniglicht brennend auf den Türgriff für alle Ein- und Ausgehenden. Auf dem „Wassergrant" brannte eins für die Ertrunkenen und zwischen den Doppelfenstern klebte brennend ein Licht, das bis zum Gottesacker für die armen Seelen hinausleuchten sollte.

Beim Engel- oder Rorateamt der vorweihnachtlichen Zeit, beim Allerseelendreißiger oder bei den samstäglichen Rosenkränzen bekamen Kinder auch Pfenniglichtln zum Brennen, im Gegensatz zu den Erwachsenen, die den Wachsstock brannten.

Eine Regel sagt, daß der samstägliche Rosenkranz nicht länger dauern durfte, als ein Pfenniglichtl brannte. So kam es oft vor, daß die letzten Gesetzerl sehr schnell oder besonders langsam gebetet wurden.

Pfenniglichtl mit kleinen Kinderwachsstöckerln

I's Lichtl aus,
muß der Rosenkranz a aus sein

Die Pfenniglichtl, die man an Allerseelen an den Lichtständern der Kirche, die oft einer großen Anzahl Lichter Platz boten, anzündete, hießen dann „Allerseelenlichtl", da sie an das Fortleben der Seelen Verstorbener erinnern sollten. Für jeden Verstorbenen aus der Familie brannte ein Allerseelenlichtl, zur Labsal der armen Seelen im Fegfeuer und verdeutlichte den Wunsch: „Das ewige Licht leuchte ihnen".

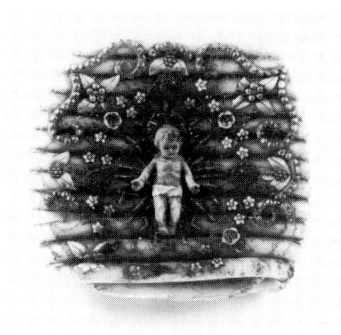

Wachsstock zu Weihnachten

73

Wachsvotive

Herstellung von Wachsvotiven

Während das Ausgießen der Reliefmodel relativ einfach ist und in einem einzigen Arbeitsgang bewältigt werden kann, erfordert die Herstellung von plastischen Votiven oder anderen Figuren mehr Zeit und große Geschicklichkeit.

Als erstes werden die Holzformen mit einer speziellen Flüssigkeit ausgepinselt, damit sie sich später möglichst leicht vom fertigen Abguß lösen lassen. Meine Vorfahren warfen den Model vor dem Ausgießen in kaltes Wasser. Der mit Feuchtigkeit vollgesaugte Model ließ sich dann nach dem Gießvorgang problemlos von dem Wachsabguß trennen. Diese Methode hat jedoch den Nachteil, daß die wertvollen Formen durch den großen

Gießen von Wachsvotiven

74

Temperaturunterschied zwischen eiskaltem Brunnenwasser und heißem Wachs Sprünge bekommen.

Die beiden Hälften der Hohlformen werden zusammengesteckt. Holzstifte verhindern, daß sie dabei verrutschen. Mit Holzzwingen oder Lederriemen paßt man die Formhälften aneinander. Nun gießt man in die Öffnungen an der Unterseite der auf dem Kopf stehenden Form flüssiges Wachs und füllt sie bis zum Rand. Das Wachs darf nicht zu kalt sein, damit auch die feinsten Konturen der Holzformen ausgefüllt und beim Abguß sichtbar werden. Ist das Wachs zu heiß geworden, läuft es dünnflüssig in jedes Wurmloch und läßt sich nach dem Erkalten schwer oder gar nicht mehr von der Form lösen. Nach einigen Minuten muß der erste Einguß aus der Form geschüttet werden. Das wohltemperierte Wachs hat nun die Innenseite des Models mit einer dünnen Schicht überzogen. Alle feinen Konturen der ins Negativ geschnitzten Form müssen bei diesem ersten und entscheidenden Guß bereits ausgebildet sein. Der ganze Vorgang wird je nach Größe der Figur zwei- bis sechsmal wiederholt.

Das wiederholte Ausgießen und Erkaltenlassen läßt die Form nicht unnötig warm werden. Nach dem Lösen der Lederriemen wird die Form schließlich mit dem Messer gelockert. Dann läßt man die Wachsfigur vollkommen erstarren. Die Gefahr, daß eine mühevoll gegossene Figur beim Lösen der Form zerbricht, ist heute nicht mehr so groß wie früher, als das Wachs wegen seines hohen Wertes, nur hauchdünn gegossen wurde.

Nach dem Gießen muß man die Abgüsse in Feinarbeit von den überschüssigen Wachsrändern befreien. Heute wird bei den einfarbigen Wachsabgüssen anschließend noch Patina aufgetragen und wenn diese trocken ist, von den Konturen abgewischt. Patiniert wird nicht, um die Stücke älter erscheinen zu lassen, sondern damit die Feinheiten der Konturen deutlich hervortreten.

Bildliche und sinnbildliche Opfergaben

Auch bei den figürlichen Opfergaben stand das Wachsopfer an erster Stelle. Die leichte Formbarkeit, die hautähnliche Farbe und die Möglichkeit der Weiterverarbeitung zu Kerzen boten dazu die besten Voraussetzungen.

Auf einem Bild aus Weihenstephan von 1605 im Bayerischen Nationalmuseum in München ist ein Altar mit zahlreichen Votivgaben aus Wachs zu sehen. Kerzen, Arme, Herzen, Augen, Gebisse, Messer und Ringe wurden dem hl. Stephan vor seiner Statue dargebracht. Diese Gaben spielen eine wichtige, jedenfalls die augenfälligste Rolle bei den Wallfahrten. Durch die realistische Darstellung der bildlichen Opfergaben konnten etwa Verletzungen oder der Sitz der Krankheit deutlich gezeigt werden.

Diese Gaben galten aber nicht nur als Verständigungsmittel. *Bildliche Votive* waren Abbild der Wirklichkeit. Die hilfesuchende Person identifizierte sich vollkommen mit der in göttlichen Schutz gegebenen Opfergabe. Ein Mädchen beispielsweise, das eine Wachsfrau opferte, sah sich selbst im Opfer und war darauf bedacht, daß ihre Opfergabe einen möglichst guten Platz am Altar bei einem Heiligen und damit vor Gott habe. Jeder Bittsteller sollte so selbst des göttlichen Segens teilhaftig werden.

Um jede Not bildhaft zeigen zu können, benötigte der Hilfesuchende auch *sinnbildliche Opfergaben*. Dazu gehören Kopfwehkranzerl, Kröte, Pfeile, Messer usw. Diese „ex votos" entstanden zum Teil aus vorchristlichen Bräuchen oder Vorstellungen.

Bildliche Votive, Figuren von Menschen, wurden in verschiedenen Größen geopfert. Nur wenige Zentimeter große Darstellungen kommen ebenso vor wie Votivgaben in Lebensgröße und -gewicht. Je größer,

Alte hauchdünn gegossene Wachsvotive mit Bändern zum Aufhängen

schwerer, wertvoller das Votiv, desto wirksamer sollte es sein.

> *1509 Der Barbara Urbanestermannin (des Urban Estermann) von Wasserburg war schier das halbe Bein abgefault. Sie verlobte sich zu St. Wolfgang mit einer Kirchfahrt und „mit wächsin Bild, so schwer als dazumal gewogen, nemblichen hundert und zweinzig Pfund."*

Wenn die Gläubigen sich Gnade und Hilfe erhofften, wandten sie sich gerne an Heilige, die ähnliche Leiden wie der Bittsteller ausgestanden hatten. Durch ihr Martyrium, das in den Attributen der Heiligen zu erkennen war, erwartete man von ihnen mehr Verständnis für die Not der Bittsteller.
Ganz alte Opferfiguren waren massiv gegossen. Später wurden sie aus Sparsamkeit hauchdünn hergestellt und nach Gewicht verkauft. Bis zur Mitte des 18. Jahrhunderts waren sie aus hellem Wachs, das zum Teil auch

Wachsabgüsse aus hauseigenen Holzformen (handkoloriert)

bemalt wurde. Das rot eingefärbte Wachs wurde für Votivgaben erst Ende des 19. Jahrhunderts verwendet. An manchen Wallfahrtsorten wurden wächserne Opfergaben in so großen Mengen dargebracht, daß nicht nur die Kirchenwände über und über damit behängt waren, sondern sogar eigene „Opferkammern" zu ihrer Unterbringung eingerichtet werden mußten. Bei einem schrecklichen Brand von 1584 ist aus der großen Wachskammer von Tuntenhausen das flüssige brennende Wachs in Strömen weggeflossen.

In unserer Lebzelterei und Wachszieherei wurden alle Votivgaben für die alltäglichen Belange hergestellt. Diese Arbeiten werden heute noch auf die gleiche Art wie vor einigen hundert Jahren in unserer Wachszieherei ausgeführt, aber: nicht mehr zum ursprünglichen Zweck!

Zu diesen Votivgaben gehören: Vier Paare und einige Frauen und Männer in bürgerlicher und höfischer Tracht, drei Paar Beine, zwei Ohren, ein Auge, ein Augenpaar, eine Zunge, ein Gebiß, eine Brust, eine rechte Hand in Lebensgröße, ein Messer (gegen Leibschmerzen), eine Kröte (Gebärmuttervotiv), eine Kugel (Augenvotiv), eine Ratsherrnbüste, mehrere Kopfwehvotive, mehrere Kühe und Pferde in allen Größen und ein Schwein, zwei Schafe, zwei linke und zwei rechte Arme, ein flammendes Herz, drei Kopfwehkranzerl und ein Fraisenkranz, vier Fatschenkinder, zwei Leiber ohne Gliedmaßen, ein kleines und ein großes Haus und ein heiliger Sebastian, den man aber nur bedingt zu den Votivgaben zählen darf.

Menschliche Opfergaben

Vorwiegend verwendete ich in den folgenden Kapiteln Mirakelbuchauszüge von Wallfahrtskirchen unserer Gegend. Hier kann ich fast sicher annehmen, daß die benannten Wachsopfer in unserer Lebzelterei gekauft wurden.

Männer, Frauen und Kinder werden in stehender oder kniender Haltung abgebildet. Durch die Betstellung ihrer Hände sind sie als Bittende oder Beter zu erkennen. Die Weihe der eigenen Person an Gott ist der eigentliche Inhalt der menschlichen Opfergaben. Der Hilfesuchende identifiziert sich mit der geopferten Figur und stellt sich somit selbst an einen geweihten Ort, um möglichst nahe bei Gott zu sein. Votivfiguren konnten aber auch stellvertretend für andere Personen geopfert werden. Neben dem allgemeinen Typus, aus Modeln gegossen, wurden porträtähnliche Bilder plastisch von Hand modelliert. So opferte Kurfürst Maximilian I. von Bayern 1644 seinen Sohn Maximilian Philipp, porträtgerecht an den Benno-Altar in der Münchener Frauenkirche. Diese Figur ist im Bayerischen Nationalmuseum in München ausgestellt. Es gab wohl kaum einen Wittelsbacher im 16. und 17. Jahrhundert, dessen Abbild nicht handmodelliert in Lebensgröße in eine der Wallfahrtskirchen der damaligen Zeit, nach Altötting oder Tuntenhausen, geopfert wurde.

Da vor allem in der Aufklärungszeit viele Opferfiguren eingeschmolzen wurden, sind leider nur wenige dieser wächsernen Kunstwerke erhalten geblieben. Dazu gehören drei fast in Lebensgröße frei modellierte Votivfiguren des 17. Jh. in Pürten bei Waldkraiburg und die Bauerstochter Anna Bruggmayr aus Fürstenfeldbruck. Sie wurde von ihren Eltern 1778 lebensgroß in Wachs für die Heilung von der „hinfallenden Krankheit" geopfert.

Modelhälfte eines Votanten
(h 31 cm)

Aus der Zeit des Spanischen Erbfolgekrieges ist im Mirakelbuch von Niederscheyern überliefert:

„Maria Schneiderin, Mösnerin alhier zu Niederscheyern wurde von einem holendisch oder engländischem Soldaten gewaltthetig angefallen und sehr hart angestrengt, daß sie die Kirchenschlißl herausgeben, weilen sie aber dies durchaus nit thun wolte, bekam sye von bemelten Soldathen mit seiner flindten einen so harten Rippenstoß, daß sye gleich zu Boden fielle, und den ganzen Tag khein Wordt mehr räden khönte. In dieser Verlassenheit würds sye von ihrer Tochter in die hilfreiche Gnadenschaft U.L.F. allhier befohlen mit Verlobung eines wäxernen Bildopfer und gewisn Gebett hat auch so kräftig Hilf gefunden, daß der Mutter auf dem Abendt die Sprach wieder khomen und bald hernach aller Schmerz gewichen."

Es darf mit großer Sicherheit auch hier angenommen werden, daß dieses Bildopfer in unserer Lebzelterei angefertigt wurde.

Votivpaare in betender Haltung
(h 33 cm / h 28 cm / h 20 cm)

82

Wickelkinder

Meist ist der Kopf des Fatschenkindes mit einer zierlichen Haube geschützt. Das Gesicht gleicht oft mehr einem Erwachsenen als einem Kinde. Ein Zierband hält die Wickelung von der Schulterpartie bis zu den Füßen umschlungen, wobei sich das „Bündel" nach unten verjüngt. Die ganze Kindfigur steht meist auf einem Sockel. Kunstvolle Stecharbeiten kann man oft an Bändern und Haube betrachten.

Wir wissen, daß früher durch Epidemien, Typhus, Diphtherie, Cholera etc. viele Menschen, vor allem Kinder, hinweggerafft wurden. Eltern mußten stets besonders um ihre Kleinkinder bangen. Dazu trug noch manche medizinische Kurpfuscherei bei. Man erinnert sich beispielsweise an den Medicus Johann Andreas Deisch in Augsburg, der bei Geburten immer wieder scharfe Instrumente verwendete. Dabei starben um 1759 viele Kinder und Mütter. Auch dies ist aus einer Votivtafel ersichtlich, die ein zerstückeltes Kind zeigt. Sie stammt aus dem Kirchlein Hergottsruh bei Friedberg. So ist es nicht verwunderlich, daß man Kinder dem Schutz eines Heiligen anvertraute, indem man Fatschenkinder aus Wachs als bildliches Opfer in die Kirche brachte. Oft wurden Kinder in Wachs abgewogen, und die so bestimmte Menge Wachs als Votivopfer dargebracht.

Modelhälfte eines Fatschenkindes (h 29 cm)

1590 Als das Kind von Anna Reismayern von Degernbach schwer an Blattern darniederliegt, verlobts derowegen mit 1 wächsin Kindlein, haben nach solchen gelübte die Blattern bald verlassen.[8]

Fatschenkinder   (Wickelkinder)   (h 53 cm / h 32 cm / h 26 cm)

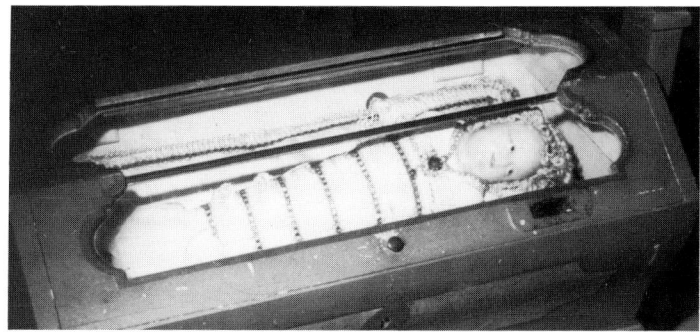

Holzwiege mit Fatschenkind, Pobenhausen

Einen schönen Brauch gab und gibt es um das Wachs-
kindl in der Wallfahrtskapelle zur schmerzhaften Mut-
tergottes auf dem Kalvarienberg von Pobenhausen bei
Pörnbach. In der sogenannten Einsiedlerkapelle steht
eine ca. 80 cm lange hölzerne Wiege mit einem wächsernen Fatschenkind. Es hieß, daß derjenige, der mit einer
schweren Sünde beladen sei, die Wiege nicht schaukeln
könne. Frauen und werdende Mütter schaukeln auch
heute noch vereinzelt die Wiege, um Fruchtbarkeit
oder eine glückliche Geburt zu erlangen.

Gekleidetes Wachskind im Glasschrank, Gößweinstein

Interessant sind an dieser Stelle noch die Opferkinder in
einigen Wallfahrtskirchen Ober- und Unterfrankens.
In beschrifteten Glasschränken stehen gekleidete
Wachskinder. Verschiedene Opfergaben fließen dabei
zusammen:

1. Wachsopfer für Kopf, Hände und Füße des Kindes
2. Kleideropfer: getragene Kleider des kranken Kindes, die dem Wachskind angezogen wurden.

Fatschenkind aus hauseigener Model gegossen (handkoloriert)

Votive in rotem Wachs aus hauseigener Holzform gegossen

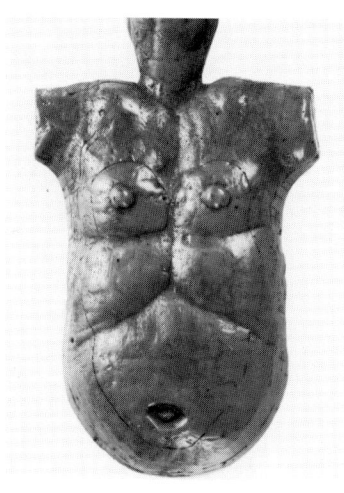 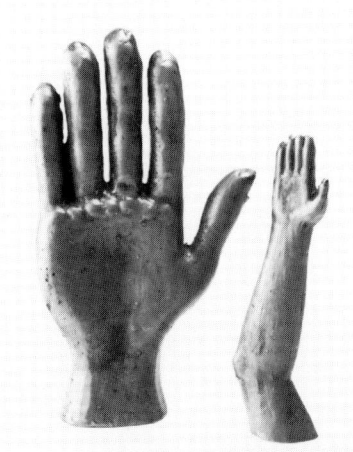 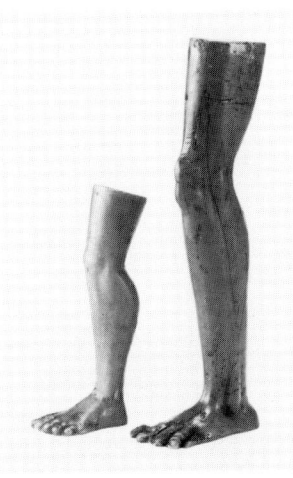

Korpus gegen Leibschmerzen   Hand, Arm (h 21 cm / h 15,5 cm)   Beine (h 12 cm / h 21 cm)

Arme, Hände, Beine und Füße wurden wegen Knochenbrüchen, Wunden und Geschwüren, Gicht und Gliederreißen geopfert.

> *19. Nov. 1679 Wolf Gruber von Hettenshausen hat sich wegen eines Geschwürs am Fuß hierher (Niederscheyern) samt eines Opfers verlobt, ist gleich besser geworden.*[9]

Kopfopfer und Kranzvotive

Köpfe aus Wachs wurden meist bei Kopfschmerzen oder bei Verletzungen im Gesicht votiert. Männerköpfe wurden mit schulterlangem Haar, Frauenköpfe dagegen meist mit Spitzenhauben abgebildet.

88

Kopfwehvotive

Mit sicherem Gefühl gestochene Herrenbüste (Holzform mit
Wachsabguß, h 19 cm, b 19 cm)

> *1590 Leonhard Spad von Bergendorf, des-*
> *sen Knäblein von einem Pferd geschla-*
> *gen, so daß Mund und Nase gefährlich*
> *verletzt waren und es für tot darnieder-*
> *lag, verlobte es „mit einem wächsin*
> *angesicht" zu St. Leonhard, worauf es*
> *gesund wurde.[10]*

In den Mirakelbüchern wird oft von wächsernen Kopf-
ringen oder von wächsernen Kränzen als Weihegabe
berichtet. Votationsgründe waren Kopfleiden oder
Leiden, deren Sitz im Kopf gedacht waren.

> *Hohenwart 1548 Bei Kopfweh wird ein vier-*
> *tel Wachs geopfert „daraus ein Kranz*
> *zu machen und ihn um den Kopf zu*
> *tragen"*

„wexen crenzel" stehen in Mirakelbüchern auch bei
Fraisenfall, Verwirrungen und Gliederschmerzen.

Holzform mit Doppelauge
(h 7 cm)

Augenopfer

Die Wachsaugen, als Einzel- oder Doppelauge, zeigen Lidspalte, Pupille und oft auf der Rückseite ein schlichtes Kreuz. Die Bänder an den Augen sind sicherlich nicht als Nerven- oder Sehstränge gedacht gewesen, sondern dienten zum Aufstellen auf dem Altar. Das Doppelauge wurde bei Blindheit, Augenleiden oder wenn das „Fell die Augen überzieht" (grauer Star) geopfert. Bei Verletzungen *eines* Auges „reichte" es auch, nur *ein Auge* zu opfern.

> *1679 Stephan Pfindel von Durchschlacht*
> *wegen über ein das Aug ziehendes Fell*
> *verlobte sich mit einem Opfer hierher*
> *(Niederscheyern).[11]*

Ohrenvotive

In ein und dieselbe Form ist ein linkes und rechtes Ohr gestochen. An den in natürlicher Größe dargestellten Ohrmuscheln befindet sich ein Fuß zum Aufstellen. Zum Beispiel bei Taubheit, Krankheiten oder Schmerzen im Ohr stellte man diese Gabe als Opfer und Abbild des kranken Ohres auf den Altar.

> *1589 Barbara Wildbödin von Weilenbach*
> *hat ein böses Ohr gehabt, da verlobte*
> *sie sich mit einem wächsin Ohr.[12]*

> *1690 Item Maria Mohrin von Mitterschey-*
> *ern ihr Kind so ein Geschwür am Ohr*
> *hatte verlobte es zum Gnadenbrünn-*
> *lein nach Niederscheyern.[13]*

Model mit Ohrenvotiv (h 10 cm)
Model mit Zahnschmerzvotiv
(h 7 cm)

Zungenvotiv

Sprachschwierigkeiten, Stummheit oder Schmerzen gaben Anlaß zum Opfer. „Böses Verreden der Nachbarin" und Verleumdung waren sicherlich auch Gründe, Zungen zu opfern.

Einen besonderen Ruf als Helferin Stummer hatte in Oberbayern die hl. Richildis, deren Grab sich im Benediktinerkloster Hohenwart befindet. Zahlreiche Stumme pilgerten deshalb nach Hohenwart zur sel. Richildis, um Heilung zu erlangen. Dies wird in einer Schrift von 1670 aus Ingolstadt berichtet.

Neben der hl. Richildis und dem hl. Nepomuk riefen Stumme auch den hl. Leonhard an, der die Zungen Stummer lösen konnte wie die Ketten Gefangener.

> *1589 Hans Bichel von Schrobenhausen verlobte sich zu St. Leonhard in Inchenhofen mit einer wächsernen Zunge, da er an Halsschmerzen leidet.*[14]

Zungenvotiv (h 15,5 cm)

Brustopfer

Eine häufige Opfergabe sind auch die weiblichen Brüste, abgebildet in natürlicher Form mit vorstehender Brustwarze. Man findet sie einzeln oder doppelt, auch sie wieder mit einem Fuß zum Aufstellen. Geopfert wurden sie bei Erkrankung der Brüste oder um genügend Milch für das Kind zu erflehen.

> *Barbara Meierin von Niederscheyern mangelt es an der Brust, so daß das Kind die Nahrung nicht haben konnte, durch silbern und wächsern Opfer mit Andacht und Gebet hat sie Gnade und Gesundheit erhalten.*[15]

Brustvotiv (h 9 cm)

91

Sinnbildliche Opfergaben

Erasmuswinde

Da dem hl. Erasmus bei seinem Martyrium dem Volksglauben nach die Gedärme aus dem Leib gewunden wurden, opferte man sein Attribut, die Winde, bei Magen- oder Darmschmerzen. Diese Winde wurden zum Abbild der eigenen Schmerzen.

Fraisenkranz

Eine der gefürchtetsten Kinderkrankheiten waren die Fraisen. Es handelt sich dabei um Krampfanfälle bei Kindern, die mitunter zum Tode führen konnten. Fraisenhäubchen oder Fraisenketten, die aus Natternwirbeln zusammengesetzt waren, sollten gegen diese Krankheit helfen.
Der bewegliche Natternwirbelkranz war sicherlich das Vorbild für den Fraisenwachskranz, den man dann nur noch sinnbildlich bei Fraisen opferte.

Herzvotiv

Bei der großen Verbreitung von Herzvotiven kann man das Herz selten als Organvotiv auffassen. Dennoch gaben „Herzkammerlkrankheiten" Anlaß zur Votierung.

> *1592 Bartholomäus Conrad aus Pfaffenhofen, der hat in seinem Herzen große Wehtage ausgestanden, nach dem Gelübt aber ein wächsin herzen ist er gesund geworden.*[16]

Die Zeichen von Christus und Maria auf den Herzen und die hervorbrechende Flamme weisen diese Votivgabe als Zeichen feuriger Gottesliebe aus. Durch Herzopfer mit diesen Symbolen wollte man sich in die Herzen Jesu und Mariae einschließen.

Fraisenkranz (Ø 12 cm)

Holzform mit Wachsherz
(h 11 cm)

Sammlung von Wachsherzen

Auch seelische Schmerzen aller Art, Liebeskummer und große Betrübnis waren Gründe zur Opferung von Herzen. Ein Herz etwa mit folgender Aufschrift zeigt dies deutlich:

Dein Herz
mein Herz
ein Herz

Krötenvotiv

Schon bei den Griechen und Römern kann man die Vorstellung nachweisen, die Gebärmutter der Frau gleiche einer Kröte. Man schrieb die Ursache von Frauenleiden der oft beißenden und zwickenden, umherirrenden Kröte zu. Deshalb opferte man bei solchen Beschwerden eine Kröte. Da aber niemand eine „Gebärkröte" sehen konnte, hielt man sich bei der Anfertigung der Opfergabe an das reale Vorbild.

In den meisten Fällen besitzt die Opferkröte einen fächerförmigen Schwanz. Dieser dient als Eingußstelle für das Wachs und als Fuß zum Aufstellen. Über den Rücken verläuft ein Kamm, der oft beidseitig von Schuppen umgeben ist. Wachskröten findet man mit menschlichen und tierischen Gesichtern.

Nach Schätzungen von Rudolf Kriss wurden von insgesamt 100 geopferten Kröten 97 aus Wachs hergestellt. An dieser Stelle muß auch die steinerne Kröte am Domportal zu Freising erwähnt werden. Sie befindet sich am rechten inneren Domportal unterhalb der Figur

Sammlung verschiedener Votivkröten

der Kaiserin Beatrix. Nachdem bereits die erste Ehe Friedrich Barbarossas I. wegen Kinderlosigkeit geschieden wurde, blieb auch die Ehe mit seiner zweiten Frau Beatrix zunächst kinderlos, bis sie 1164 einen Sohn gebar. In dieser Zeit wurde der Dom erbaut und dabei von dessen Stiftern, als innigster Wunsch oder aus Dankbarkeit über die Geburt eines Sohnes, eine Kröte am heiligen Haus angebracht.

Geopfert wurden Kröten wegen Unfruchtbarkeit, um einen guten Verlauf der Schwangerschaft, um Verhütung von Mißgeburten oder bei Unterleibskrankheiten. Auch gegen das „Verschauen", damit das Kind kein böses Mal mit auf die Welt bringt, wählte man das Krötenvotiv.

In den Mirakelbüchern des 16. Jahrhunderts, hauptsächlich in Inchenhofen, kann man lesen, daß auch Männer Kröten opferten. Diese Eintragungen stammen aus Jahren, in denen die rote Ruhr grassierte. Darmbluten, wehenartige Krämpfe, verbunden mit Krankheit, ließ im Volk die Vermutung aufkommen, daß es sich dabei ebenfalls um eine beißende Gebärkröte handle. Die Männer opferten dieselbe Wachskröte wie Frauen, bezeichneten sie aber als „Gebärvattern".[17]

> *1588 Georg Spengen von Niederlauterbach hat die Beermutter gar sehr gebissen, da verlobte er sich eine Beermutter, hie zu lesen allher, ist endlich nach dem Gelübt mit ihm besser worden.*[19]

> *1588 Elizabethem Riedlin von Steinbach hat die Beermutter gar heftig gebissen, indem verspricht sie sich mit einer wächsin Beermutter, ist nach solchen Gelübt von gemelter Krankheit entledigt worden.*[18]

95

Nicht nur den eigenen Körper, sondern die ganze Familie stellte man unter Gottes Schutz, wie man auch Haus und Haustiere gerne dem Schutz eines Heiligen befohlen hat.

Opferhäuser

Zwei kunstvoll geschnittene Holzformen von Opferhäusern sind im Besitz der Wachszieherei Hipp. Abgüsse daraus votierte der Bittsteller in den meisten Fällen bei „Brunstnöten" oder als Dank, wenn das eigene Haus verschont blieb, wie das von Franz Vogt von Schiltberg 1590 oder Judith Schmidin von Hirnkirchen 1591.

Als 1646 in Aichach eine große Feuersbrunst ausbrach, verlobte sich die Bevölkerung der Stadt zum hl. Leonhard nach Inchenhofen mit einem 10 Pfund schweren Wachshaus. Mit dem Rat und dem kurfürstlichen Beamten an der Spitze zog die Gemeinde zum Gnadenort.

Wächserne Votivhäuser mit Holzform (h 19,5 cm / h 12 cm)

Opfertiere

Es ist verständlich, daß der Bauer, wenn dessen wichtigste Habe, die Tiere, krank wurden und dahinstarben, bei Gott seine Zuflucht nahm. Durch reiche Opfergaben, oft in der Anzahl, die der Wirklichkeit genau entsprach, versuchte der Bittsteller den Heiligen günstig zu stimmen und zur Fürbitte im jeweiligen Anliegen zu bewegen. Pferde, Rinder, Schweine und Federvieh standen beim Lebzelter und Wachszieher zur Auswahl. Grund des Opfers waren außer Krankheit auch der Wunsch nach Jungvieh. Neben dem hl. Leonhard verehrte man in der Hallertau besonders den hl. Castulus auf dem Kastlberg bei Rohrbach. Bis zur Renovierung dieser Kapelle im Jahre 1954 standen auf Regalen links und rechts des Altars Wachsvotive. Nach alten Aufzeichnungen waren aus Wachs zahlreiche Pferde, Rinder und Schweine und nur wenige Arme und Beine, sowie ein paar Holzkrücken vorhanden. Ein Teil der dünnwandigen Wachsopfer, die die letzten Jahre überstanden, steht jetzt auf Mauersimsen.

Wächsernes Votivpferd mit Holzform B 1684 (h 17 cm, b 22 cm)

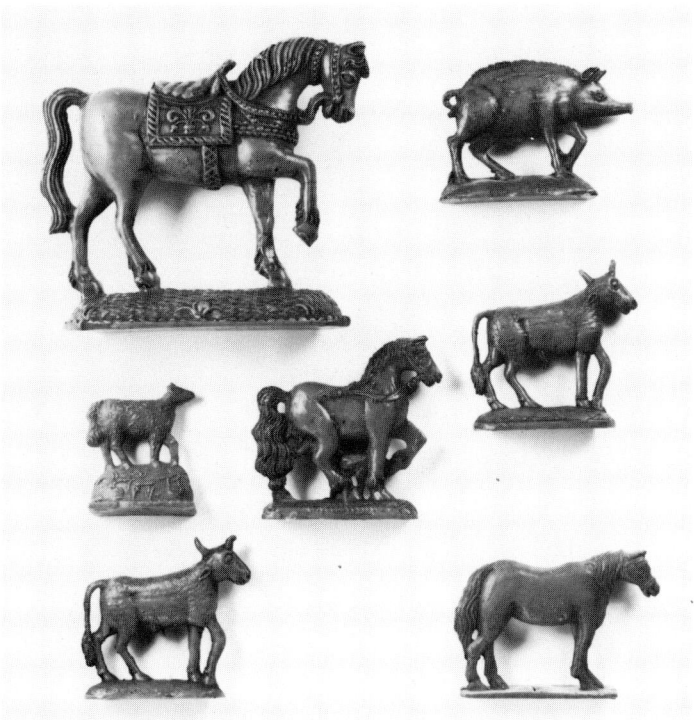

Wächserne Votivtiere

Heiliger Sebastian

Der Legende nach wurde der heilige Sebastian 300 Jahre nach Christus auf Befehl des Kaisers Diokletian zum Tode verurteilt. Durch Pfeilschützen sollte er hingerichtet werden. Da der heilige Sebastian daran nicht starb, wurde er durch Keulenschläge getötet. Von alters her war man der Auffassung, daß Gottvater die Pest in Gestalt von Pfeilen auf die Menschheit herabschleudert. Da der hl. Sebastian den Pfeilen des Diokletian widerstehen konnte, hielt man besonders ihn dazu berufen, Gott um Abwendung der Pestpfeile zu bitten.

Es ist anzunehmen, daß aus diesem Grund der hl. Sebastian, auf jeden Fall aber Pfeile aus Wachs geopfert wurden. Im Sebastians-Lied von 1707 heißt es: „Die solche Pfeile tragen, nicht nach der Pest fragen".[20]

Hl. Sebastian (h 24 cm)

Eisengürtel, Wachsgürtel – „wächsine Kötten"

So wie der hl. Leonhard Gefangene befreite und die Ketten der Gefesselten zerbrach, befreite er auch aus den Ketten von Krankheit, Gebrechen und Geisteskrankheit. Der Bittende versprach oft freiwillige Gefangenschaft und trug als äußeres Zeichen dieser Gefangenschaft eine eiserne Kette oder einen Ring, die nach erfolgter Heilung als Dankvotiv dargebracht wurden. Der Kranke gelobte, dieses Zeichen eine bestimmte Zeit zu tragen. Symbolisch opferte man dem „bayerischen Herrgott", wie der hl. Leonhard auch genannt wurde, später nur noch „wächsine Kötten" als Zeichen der Bindung an den Heiligen.[21]

> *1591 Katharina Vinschin, die sehr verschwollen gewesen verlobt sich „mit 1 vierling wachs darauß sy ain Gürtl um den Leib gemacht".*[22]

Massive Eisenvotive, die vorwiegend dem „Kettenlöser" Leonhard gebracht wurden, konnten öfters verwendet werden. In Aigen am Inn z. B. kaufte man in der „Schatzkammer" die einschlägigen Eisenvotive und legte sie in den Hut. Bei der Messe trug sie der Votant um den Altar, um sie dann in einen großen Korb zu werfen. Diese Eisenopfer trug der Mesner in die Schatzkammer zurück, von wo sie aufs neue gegen ein kleines Opfer abgegeben wurden.

Der verstandesbetonte Mensch der Aufklärung konnte die Votivgaben nicht mehr so recht verstehen. Er deutete sie als Zeichen heidnischen Aberglaubens. Der Verwechslung der Begriffe „heidnisch" und „primitiv" war man sich anscheinend nicht bewußt. Nicht nur im germanischen Heidentum, sondern auch in anderen Religionen, seien sie nun primitiv oder hochentwickelt, kennt man Opfer, um Gott (oder Gottheiten) gnädig zu stimmen.

Tumbakelch (h 19 cm)

Votivmesser wurden gegen Sei-
tenstechen geopfert (h 20,5 cm)

Besonders in ländlichen Gegenden kam man aber bald
wieder auf die herkömmlichen Wallfahrten und Opfergaben zurück, denn der Glaube lebte in den Herzen
weiter, selbst wenn man tonnenweise Wachsbilder
eingeschmolzen hatte. So stammen einige meiner
Votivmodel erst aus der zweiten Hälfte des letzten
Jahrhunderts! Nur noch ganz spärlich werden Votivgaben allerdings seit dem 1. Weltkrieg, der in mancher
Hinsicht eine Wende im Brauchtum brachte, geopfert.
Wir gießen, wie es nun schon über 300 Jahre in unserem
Betrieb gemacht wird, alle Votive aus den alten Holz-
formen. Zum ursprünglichen Zweck werden diese
Votivgaben fast nicht mehr gekauft.

Anmerkungen:

1 R. Andree 1904 S/11
2 R. Andree 1904 S /83
3 Finkenstaedt 1968 S/30
4 R. Andree 1904 S/31
5 R. Andree 1904 S/33
6 R. Andree 1904 S/33
7 R. Andree 1904 S/11
8 R. Andree 1904 S/96
9 Mirakelbuch ULF Niederscheyern
10 R. Andree 1904 S/113
11 Mirakel ULF Niederscheyern
12 R. Andree 1904 S/121
13 Mirakel ULF Niederscheyern
14 R. Andree 1904 S/120
15 Mirakelbuch d. W. N.
16 R. Andree 1904 S/127
17 R. Andree 1904 S/136
18 R. Andree 1904 S/136
19 R. Andree 1904 S/136
20 R. Andree S/12
21 R. Andree 1904 S/48
22 R. Andree 1904 S/48

Quellennachweis:

Andree, Richard: Votive und Weihegaben des katholischen Volks in Süddeutschland, Braunschweig 1904

Büll, Reinhard: Vom Wachs, Hoechster Beiträge zur Kenntnis der Wachse, 12 Beiträge Hoechst 1959–1977

Ebenböck, Mathias: Das Lebzeltergewerbe. In: Zeitschrift des Münchner Altertumsvereins, München 1897

Hailer, Willy: Eine alte Wachszieherei in Pfaffenhofen. In: Volkskunst, Zeitschrift für volkstümliche Sachkultur 2, München 1980, S. 102

Hannsmann, Claus und Liselotte: Viel köstlich Wachsgebild, München 1959

Kriss-Rettenbeck, Lenz: Bilder und Zeichen religiösen Volksglaubens, München ²1971

Kronberger-Frentzen, Hanna: Die alte Kunst der süßen Sachen, Hamburg 1959

Kühn, Herbert: Kunst der Model, Leipzig 1981

Pfistermeister, Ursula: Wachs, Band I, Nürnberg 1982

Ritz, Gislind M.: Die lebensgroßen, angekleideten Kinder – Wachsvotive in Franken. In: Volksglaube Europas. Band III. Beiträge zur Volkstumsforschung. Volkach 1981

Schmid, Leopold: Zur Geschichte des Wachsopfers im Mittelalter. In: Österr. Zeitschrift für Volkskunde, Wien 1947

Streidl, Heinrich: Häuser-Chronik der Stadt Pfaffenhofen 1982

Walzer, Albert: Liebeskutsche, Reitersmann, Nikolaus und Kinderbringer. Konstanz-Stuttgart 1963

Fotonachweis:

Die Aufnahmen von Fotostudio Johannes Rauch wurden durch folgende Abbildungen ergänzt:
Foto Pfistermeister (S. 72)
Institut für Volkskunde, München, Frau Dr. Ritz (S. 85)
Archiv Café Hipp (S. 43, 47, 49, 50 u. r., 51, 52 u. l., 53, 54, 57, 60, 74, 83, 85 o. l., 91)

Die abgebildeten Stücke stammen aus dem Bestand der Lebzelterei und Wachszieherei Hipp, 8068 Pfaffenhofen, sowie aus der Sammlung des Verfassers.

Inhalt

Kurze Geschichte des Lebzelteranwesens   5

Lebzelter, Metbrauer und Wachszieher   7

Die Model des Lebzelters und Wachsziehers   11

Ordinäre und gemodelte Lebzelten   19
    Deutung und Brauch der gemodelten Lebzelten 20

Met   41

Wachs und Opfergaben aus Wachs   44

    Die Wachsbleiche   47

    Kerzen
      Die Herstellung von Kerzen   49
      Vom Brauchtum mit der Kerze   56

    Der Wachsstock
      Herstellung von Wachsstöcken   61
      Brauchtum um den Wachsstock   68
      Pfennig- oder Allerseelenlichtln   71

    Wachsvotive
      Herstellung von Wachsvotiven   74
      Bildliche und sinnbildliche Opfergaben   76
Anmerkungen   102
Quellen- und Fotonachweis   103